贵州财经大学学术专著资助专项基金

地方政府数据开放共享政策体系构建研究

彭珊　著

中国社会科学出版社

图书在版编目（CIP）数据

地方政府数据开放共享政策体系构建研究／彭珊著．—北京：
中国社会科学出版社，2020.12

ISBN 978 - 7 - 5203 - 7583 - 2

Ⅰ.①地…　Ⅱ.①彭…　Ⅲ.①地方政府—电子政务—信息管理—
研究—中国　Ⅳ.①D625 - 39

中国版本图书馆 CIP 数据核字（2020）第 243988 号

出 版 人	赵剑英	
责任编辑	孔继萍	
责任校对	王佳玉	
责任印制	郝美娜	

出　　　版	中国社会科学出版社	
社　　　址	北京鼓楼西大街甲 158 号	
邮　　　编	100720	
网　　　址	http://www.csspw.cn	
发 行 部	010 - 84083685	
门 市 部	010 - 84029450	
经　　　销	新华书店及其他书店	

印刷装订	北京市十月印刷有限公司	
版　　　次	2020 年 12 月第 1 版	
印　　　次	2020 年 12 月第 1 次印刷	

开　　　本	710×1000　1/16	
印　　　张	12.5	
插　　　页	2	
字　　　数	208 千字	
定　　　价	78.00 元	

凡购买中国社会科学出版社图书,如有质量问题请与本社营销中心联系调换
电话:010 - 84083683

目　　录

第一章

绪　　论

根据联合国全球电子政务调查报告，开放政府建设以及让原始的政府数据对社会开放已经成为各国的民主运动的新内容，特别是政府数据开放作为提升政府透明度、提高国家创新竞争力、提升社会民主程度的重要措施，已受到各国越来越多的关注和重视。政府是社会公共数据的拥有者和集散地。自 2009 年 5 月美国政府推出全球首家开放政府数据平台（Data. Gov）以来，随着大数据思维与大数据应用技术不断普及，开放政府数据在美欧等国的推动下已经席卷全球并形成国际化发展趋势。随后，中国也紧跟世界步伐，继 2012 年 6 月上海市政府推出的国内首个政府数据开放平台——上海市政府数据服务网（www. datashanghai. gov. cn）开通之后，北京、浙江、贵州、无锡、青岛、武汉等省市政府陆续推出政府数据开放平台。政府开放数据不仅能促进互联网 + 智慧城市发展，还能充分发挥公民参与政府治理的积极性，进而带动政府工作的透明化和公开化。同时，数据的开放也能够预防腐败，提高政府执政的满意度。

第一节　问题的提出及研究的意义

一　问题的提出

政府数据是政府或政府控制实体生产或持有的数据和信息。随着社会的发展，政府数据开放逐渐成为社会民众的权利诉求。在大数据背景下，如何尽可能地将政府数据向社会公众开放，利用开放数据提高政府的社会参与度和透明度、服务于经济社会生活、增加人民的福祉成为各个国家的发展战略问题。2015 年 10 月 29 日发布的《中共中央第十八届中央委员会第五次全体会议公报》① 提出了"实施国家大数据战略",这是大数据第一次被写入党的全会决议,标志着大数据战略正式上升为国家战略。同年,国务院印发的《促进大数据发展行动纲要》② (以下简称《纲要》) 明确指出,数据的开放共享是国家数据战略的核心,正文中共出现"共享"59 次、"开放"36 次,《纲要》5 次提及"政府数据开放共享",将"加快政府数据开放共享,推动资源整合,提升治理能力"作为三大任务之首。将"政府数据共享开放工程"列为十大数据工程之首,充分显示了政府数据开放共享在国家数据战略中的重要地位。2016 年"两会"通过的《中华人民共和国国民经济和社会发展第十三个五年规划纲要》再次提出要"实施国家大数据战略,推进数据资源开放共享"③,政府数据开放共享运动在全国铺开。可以预见,未来几年,国内政府数据开放网站建设与应用将成为各级政府网站核心服务应用的热点。

二 研究的意义

众所周知,大数据时代得数据者得利益,大数据所带来的价值不菲。各级政府所掌握的数据信息具有重要的经济和社会价值,政府开放数据共享可以说是全球化大势所趋,政府通过开放所持有的数据,不仅为国家发展提供新的创新动力,而且还在一定程度上对于扩展新就业渠道、缓解就业压力起到积极作用。总体来说,政府数据开放共享这一举措,具有全局性战略意义,具体体现在以下几个方面。

---

① 程大中:《中共中央第十八届中央委员会第五次全体会议公报》,2015 年 10 月 30 日,http://www.ccps.gov.cn/zt/xxddsbjwzqh/zyjs/201812/t20181211_118164.shtml。

② 国务院:《促进大数据发展行动纲要》,https://zycpzs.mofcom.gov.cn/html/nysczl/2018/9/1536891477862.html,2018 年 9 月 14 日。

③ 新华社:《中华人民共和国国民经济和社会发展第十三个五年规划纲要》,http://www.xinhuanet.com/politics/2016lh/2016-03-17/c_1118366322.htm,2016 年 3 月 17 日。

（一）提升政府治理能力

大数据推动政府治理理念和治理模式的转变。在政府治理过程中，通过开放数据，在某种程度上，增强了政府工作的透明度。与此同时，公众参与监督，使得"阳光政府"深入人心，加快"放管服"改革步伐，推动了实现国家政治民主化进程。数据是地方政府数据开放共享的核心，一个地方政府数据开放的水平实际上反映了这个地方政府的数据治理能力。在"放管服"改革推动下，各地政府应不断提高数据质量，开放更多更好更有价值的数据，对不同等级的数据可进行分级分类开放，实现数据开放的精细化管理。在保障政府数据安全的前提下，尽可能地将数据开放共享。

（二）提高政府的科学决策手段

传统的政府治理模式导致政府在做出决断时，通常是听从上级领导安排，只求稳，不求进，各部门之间"踢皮球"，相互推诿等现象比比皆是，导致公众对政府的信任感不足，使得政府形象一落千丈。政府各部门间普遍存在"数据孤岛"，将政府数据视为私有财产，不愿公开，从而导致政府各部门之间的沟通交流减少，只熟悉本部门业务。在决策过程中，不免着重考虑本部门利益而忽略整体利益。政府数据开放共享不仅可以增强政府提供公共服务的能力，各部门之间对于数据的共享同样有利于部门之间的业务沟通。随着社会经济的发展和公民民主意识的增强，公众的需求呈现出多元化、异质性的特征，对政府提供公共服务有了更高的要求和期待，需要政府提供全面的、有针对性的科学决策，以期更好地实现政府治理能力现代化。

（三）促进创新经济发展

政府数据开放的建设，可以充分挖掘海量数据中所蕴含的经济价值。数据是大数据时代国家的战略资源和经济创新资源，数据开放可以营造整个社会的创造氛围，鼓励万众创新。对数据的再利用和创新利用，能够带动新兴产业，加快经济转型升级。

（四）提高百姓生活质量

政府数据开放，可以降低公众获取政府信息的成本，更多更全面的信息可以帮助个人在生活中做出更完善的决策，提高生活质量。同时，数据开放可以推动电子政务的发展、政府部门间的信息相通共享，降低运营成本，提升公共服务质量和效率，使百姓办事难的情况得到有效缓解。

（五）深化政府数据开放政策研究

当前，我国学者研究成果中缺乏对数据开放政策文本较为系统的梳理，对地方政府层面的数据开放政策进行分析的成果相对匮乏，针对政策体系讨论的更是寥寥无几。值得庆幸的是，我国大数据战略发布后，各级政府、学界以及产业界积极探讨，推动理论与实践发展。具体到政府数据开放政策方面，我国的学术界正由最初的对国外政策案例研究向本土政策研究转变，旨在重点解决我国政府数据开放的实际问题。

第二节　地方政府数据开放共享国内外研究概述

政府数据开放共享的概念经历了"政府信息公开"（Open Government Information，OGI）、"开放政府数据"（Open Government Data，OGD）和"政府数据开放共享"（Open and Sharing Government Data，OSGD）三个发展阶段的演变，随着越来越多的国家和机构参与开放政府数据，跨国、跨机构间的数据共享问题成为新的研究热点。

一　国外学者研究现状

通过研究国外的文献资料可以发现，国外的理论研究主要在政府数据开放共享政策的制定及实施效果、政府数据开放的管理政策及影响因素和政府开放数据共享中的隐私安全问题研究三个方面。

（一）政府数据开放共享政策的制定及实施效果

M. N. Philip（2010）等学者认为，数据开放共享政策制定的基础首先是被政府视作为可公开利用的数据。国外发达国家对于信息化建设起

步较早，因此民众对政府数据公开的要求和呼声较高。A. Zuiderwijk
(2012)① 等对国家政策引导的开放数据运动进行梳理，针对性地提出政
府应按照用户需求建立激励性的数据开放共享政策建议，刺激数据收集
和利用。T. Davies (2011)② 通过收集英国、美国、印度等国的政府数据
开放倡议书、声明及官方文件，分析了各国及地方层面在发展水平、政
治结构和公共政策等方面表现出巨大差异。R. E. Sieber (2015)③ 提出改
变公民和政府之间的四种开放数据模型，以便提高数据的利用率。
G. Z. Felipe (2015)④ 等认为政府的数据具有不同类型，不同类型的数据
在决策中所产生的作用各不相同，首先应当对开放数据的价值进行分析，
以最终提高政府制定决策的准确性。

（二）政府数据开放的管理政策及影响因素

M. Palmirani (2014)⑤ 等提出通过透明法案以及公共数据管理的新方
法，可以使开放的数据格式实现网络元数据的语义分类，进而实现对数
据进行科学管理。A. T. Chatfield (2018)⑥ 等学者研究了有关于澳大利
亚联邦和州政府在开放数据方面的相关政策，认为政策的早期采用者的
行动力与其开放数据门户的开放程度呈正相关，政策起草提案者是负责

① A. Zuiderwijk, M. Janssen, S. Choenni, *Open Data Policies: Impediments and Challenges*, Proceedings of the European Conference on E – government, Barcelona, Spain, 2012.

② T. Davies, *Open Data Policies and Practice: An International Comparision* (2018 – 10 – 10), http://ecpr.eu/Filestore/PaperProposal/d591e267 – cbee – 4d5d – b699 – 7d0bda633e2e. pdf.

③ R. E. Sieber, P. A. Johnson, Civic Open Data at a Crossroads: Dominant Models and Current Challenges. *Government Information Quarterly*, 2015, 32 (3): 308 – 315.

④ G. Z. Felipe, H. Richard, The Multiple Meanings of Open Government Data: Understanding Different Stakeholders and Their Perspectives. *Government Information Quarterly*, 2015, 32 (4).

⑤ M. Palmirani, M. Martoni, D. Girardi, *Open Government Data Beyond Transparency*. K. Andrea, F. Enrico, *Electronic Government and the Information Systems Perspective*. Munich: Springer International Publishing, 2014.

⑥ A. T. Chatfield, C. G. Reddick, The Role of Policy Entrepreneurs in Open Government Data Policy Innovation Diffusion: An Analysis of Australian Federal and State Governments. *Government Information Quarterly*, 2018, 35 (1): 123 – 134.

开放数据政策，应对政策现有障碍的牵头羊。K. Williamson（2016）[①]等指出政府数据开放共享的障碍因素包含：各机构间缺乏共同的学科背景、信任、责任感和受控的数据访问，以及描述数据以实现再次利用。S. A. Claudio（2014）[②] 等介绍了巴西政府开放数据后的好处与优势，以及数据开放存在的问题与制约因素，并针对开放政府数据壁垒与制约因素，运用组织间网络理论分析了开放政府数据的促进与激励因素。

（三）政府开放数据共享中的隐私安全问题研究

R. Meijer（2014）[③] 等学者认为开放数据的目的在于促进公共价值，但信任、透明度、隐私和信息泄露等问题频发，这些问题与实现公共价值、开放数据政策存在冲突，通过研究提出了预先承诺的概念限制开放数据与公共价值产生冲突。E. Bonson（2011）[④] 等阐述了政府数据开放的途径，促进公众利用数据的方法和措施以及必须要遵守相关的法律法规来保护数据隐私。J. H. Boyd（2015）[⑤] 等研究者将不同数据集之间的数据汇集在一起成为综合数据集，原先可能没有隐私泄露问题的数据经过技术上的深度挖掘、交叉对比，不同数据之间的相互验证，依然可以用来

---

① K. Williamson, M. A. Kennan, G. Johanson, et al., Data Sharing for the Advancement of Science: Overcoming Barriers for Citizen Scientists. *Journal of the Association for Information Science and Technology*, 2016, 67（10）: 2392 – 2403.

② S. A. Claudio, R. Nicolau, *Open Government Data: Facilitating and Motivating Factors for Coping with Potential Barriers in the Brazilian Contex*. In: Janssen. Med. Lecture Notes in Computer Science. Dublin: 13th Annual International IFIP Working Group, 2014: 181 – 193.

③ R. Meijer, P. Conradie, S. Choenni, Reconciling Contradictions of Open Data Regarding Transparency, Privacy, Security and Trust. *Journal of Theoretical and Applied Electronic Commerce Research*, 2014, 9（3）: 32 – 44.

④ E. Bonson, L. Torres, S. Royo et al., Local E – government 2.0: Social Media and Corporate Transparency in Municipalities. *Government Information Quarterly*, 2011（4）.

⑤ J. H. Boyd, S. M. Randall, A. M. Ferrante, Application of Privacy – preserving Techniques in Operational Record Linkage Centres, *Medical Data Privacy Handbook*. Springer International Publishing, 2015: 267 – 287.

还原人物画像，给数据隐私和机密性带来挑战。P. T. Jaeger（2002）[①] 等认为数据保护应当在制度上构建统一的政府数据资源管理体系，在开放政府数据的背景下政府可以采用中央集中的管理结构保护个人隐私。C. Brewster（2017）[②] 等认为使用如加密技术、认证技术、数字水印和电子签名等保护信息免受侵犯。在整个开放政府数据实施过程中出台标准化的操作指南，定期发布最佳实践案例，并以最佳实践为基础对整个过程进行调整和优化。

二　国内学者研究现状

近年来，随着我国大数据战略向纵深方向推进，有关地方政府的开放数据政策与实施问题逐步引起了国内学者们的关注，专门研究地方政府开放数据问题的研究成果开始出现。纵观我国学者有关政府数据开放共享的研究动态，发现大多数研究领域主要集中于顶层设计、保障机制、统筹管理、信息孤岛、部门网站等影响政府数据开放共享的问题，其他问题极少涉及。目前，国内已有的政府数据开放政策的研究主要关注以下几个方面。

（一）国内政府数据开放政策的研究

丁念（2015）[③] 等人主要以发展中国家作为研究对象，在针对其开放战略做出对比研究以后，认为应当根据我国基本情况，努力完善顶层设计，并以此为基础创建完善的政府数据开放体系。首先就中央政府出台的政策，黄如花（2017）[④] 等学者从国家层面的政府数据开放共享政策分析，为推进政府数据资源管理进行深入探讨，同时也从顶层设计出发，

---

① P. T. Jaeger, C. R. Mcclure, B. T. Fraser, The Structures of Centralized Governmental Privacy Protection：Approaches, Models, and Analysis. *Government Information Quarterly*, 2002, 19（03）：317–336.

② C. Brewster, I. Roussaki, N. Kalatzis, et al., Iot in Agriculture：Designing a Europe–wide Large–scale Pilot. *IEEE Communications Magazine*, 2017, 55（09）：26–33.

③ 丁念、夏义堃：《发展中国家开放政府数据战略实施中存在的问题与启示》，《党政视野》2015 年第 Z1 期。

④ 黄如花、温芳芳：《我国政府数据开放共享的政策框架与内容：国家层面政策文本的内容分析》，《图书情报工作》2017 年第 20 期。

为制定有关政策提供参考。蔡婧璇（2017）[①] 等提出美国自 2009 年率先提出政府数据开放倡议，奥巴马政府签署了《开放透明政府备忘录》，同年颇具影响力的 Data. gov 上线，奥巴马政府先后发布多项政令敦促实施，这些举措为美国数据开放的世界领先地位奠定了基础。谭必勇、刘芮（2018）[②] 从政策类型、组织机构、政策目标三个视角对地方政府开放数据政策的现状进行了梳理，并从法律法规、数据开放共享与应用、开放数据平台建设、数据开放许可协议及标准规范、数据安全、人才培养等多层面对政策文本内容进行分析。汪雷（2017）[③] 等研究了大数据背景下数据开放的社会价值和公共价值，以及给国民经济带来的积极影响，分析指出我国目前所面临的问题是缺乏有效的政策保障机制来保证政策的贯彻执行，目前的政策保障机制需要进一步地完善才能形成有效的、结构性的保障体系。

（二）政府数据开放平台建设现状

黄思棉、张燕华（2015）[④] 从中国政府数据开放平台建设的视角进行了案例分析，结合大数据时代的信息环境研究了我国政府开放数据面临的阻碍并提出了对策。杨瑞仙（2016）[⑤] 等通过分析美国、澳大利亚等国家的政府数据开放平台建设情况，指出我国在制度、政策执行、统一数据开放平台等多方面不足，强调我国在开放政府数据的政策保障方面的发力点。陈立枢（2015）[⑥] 建议构建中国大数据产业发展政策体系，加强

---

① 蔡婧璇、黄如花：《美国政府数据开放的政策法规保障及对我国的启示》，《图书与情报》2017 年第 1 期。

② 谭必勇、刘芮：《我国地方政府开放数据政策研究——以 15 个副省级城市为例》，《情报理论与实践》2018 年第 11 期。

③ 汪雷、邓凌云：《基于大数据视角的政府数据开放保障机制初探》，《情报理论与实践》2017 年第 2 期。

④ 黄思棉、张燕华：《当前中国政府数据开放平台建设存在的问题与对策研究——以北京、上海政府数据开放网站为例》，《中国管理信息化》2015 年第 14 期。

⑤ 杨瑞仙、毛春蕾、左泽：《我国政府数据开放平台建设现状与发展对策研究》，《情报理论与实践》2016 年第 6 期。

⑥ 陈立枢：《中国大数据产业发展态势及政策体系构建》，《改革与战略》2015 年第 6 期。

大数据共享平台安全，实施融合发展战略。2015 年 9 月，国务院发布《促进大数据发展行动纲要》明确提出，"2018 年底前建成国家政府数据统一开放平台，率先在信用、交通、医疗等重要领域实现公共数据资源合理适度向社会开放"①。《2019 年中国地方政府数据开放报告》指出"截至 2019 年上半年，我国已有 82 个省级、副省级和地级政府上线了数据开放平台，与 2018 年报告同期相比，新增了 36 个地方平台。"② 由此可见，政府数据开放平台已经逐渐成为一个地方数字政府建设的"标配"。

（三）国内的政策法规实施情况

数据是数据开放的核心，一个地方政府数据开放的水平实际上反映了这个地方的政府治理能力。各地区政府在开放数据的同时，也应当不断提升数据质量，开放具有高价值、高质量的数据集，实现数据开放的精细化管理，在保障数据安全的前提下，尽可能最大程度上将政府数据开放出来。肖卫兵（2015）③ 指出要通过主动公开标准规定，推动政府数据开放，进一步建立和完善数据开放机制。周大铭（2015）④ 通过对国外数据发展的情况分析，对比国外数据开放的重要特点，分析指出了我国政府数据开放的必要性。在大数据时代背景下，我国在法律法规、管理规范等方面意识薄弱，尤其在政策制定、数据隐私安全、数据服务质量等问题上有待提高。马海群、徐天雪（2018）⑤ 从相关概念界定、构建多元化政策评估主体以及确立政策评估指标体系等方面构建了我国政府数据安全政策评估体系。

---

① 黄如花、温芳芳：《我国 2018 年底前建成政府数据统一开放平台》，《电子世界》2015 年第 18 期。

② 复旦大学数字与移动治理实验室：《复旦 DMG：2019 中国地方政府数据开放报告》，http://www.199it.com/archives/882027.html，2019 年 5 月 27 日。

③ 肖卫兵：《政府数据开放机制的建立和完善：结合〈政府信息公开条例〉谈起》，《理论探讨》2015 年第 4 期。

④ 周大铭：《我国政府数据开放现状和保障机制》，《大数据》2015 年第 2 期。

⑤ 马海群、徐天雪：《我国政府数据安全政策评估体系构建研究》，《图书馆理论与实践》2018 年第 1 期。

三 研究评述

总体而言，我国学术界对开放数据政策文本缺乏较为系统的梳理，对地方政府层面的开放数据政策进行分析的成果相对匮乏，针对政策体系讨论的更是寥寥无几。虽然一些学者也提出了开放数据的政策框架，但仍有不少问题值得进一步探究。

第一，目前我国的政府数据开放政策更多的是以参考国外研究为主。相对于早期开展数据开放运动的美国、澳大利亚等国家，我国地方政府数据开放共享正处于探索阶段。有关开放地方政府数据共享的政策相对欠缺，更多呈现的是大量国外案例的经验性研究，对于我国政府应建立怎样的政府数据开放共享政策，定位尚不明确。

第二，我国现阶段政府数据开放的整体发展情况落后于西方发达国家，国家层面的政府数据开放平台尚未建立。《中国地方政府数据开放报告》自2017年5月首次在贵阳数博会发布以来，通过每年的"中国开放数据指数"，对我国地方政府数据开放情况进行综合评估。我国的政府数据开放起初是从地方开始，由沿海向内陆拓展，数据开放总体集中在经济较发达以及信息化较高的城市，其他相对欠发达的城市发展较为滞后，这也是地方政府数据开放实施下一步努力的方向，争取早日实现国家统一可调配的数据开放平台。

第三，本书的研究在调查分析国外及国内有代表性的地方政府数据管理与共享政策体系建设的理论和实践的基础上，旨在找到对数据开放共享有优势引导和促进作用的政策"发动机"，探寻政策体系完善路径，为我国各级政府进一步加快数据开放提供参考依据。

第三节　核心术语界定与理论基础

本节首先对研究过程中所涉及的基本术语如地方政府、数据开放共享、政策体系等概念进行界定，并厘清这些术语与邻近术语的关系，为后续章节的深入研究做铺垫。

一　核心术语界定

（一）地方政府

地方政府（Local Government）是管理一个国家行政区事务的政府组织的总称，全称为地方人民政府。地方政府是由中央政府为治理国家一部分地域或部分地域某些社会事务而设置的政府单位，在中国指相对于中央人民政府（The Central People's Government）（国务院）而言的各级人民政府，《宪法》第95条规定"省、直辖市、县、市、市辖区、乡、民族乡、镇设立人民代表大会和人民政府"[①]，简称"地方政府"。

我国的地方政府除特别行政区以外分为三级，即省级、县级和乡级。中国大陆地方政府自1950年开始至20世纪80年代，除直辖市以外，实际以三级为主，三级和四级并存；20世纪80年代以后转为四级为主，三级和四级并存。自20世纪50年代以后，行政区划进行了演变和调整。20世纪80年代以前，广泛存在省会城市管县。20世纪80年代以后，随着工业化和城市化，出现"地区改市""县改市"和"撤地建市""撤县建市"，随之作为地级行政区的地区演变为"地级市"、县演变为"县级市"。随着地级市的大量涌现，原来作为省级政府派出机构的地区行署演变为"地级市政府"，县政府转变为"市政府"；辖域没有多大变化或没有变化，但由准行政区变为行政区，由原来的地区管县，转化为"地级市"管县、市（县级市）。除海南省和直辖市为三级以外，地方政府存在四级形式：省级政府，分别为省、自治区政府；地区级政府，分别为地级市、自治州政府；县级政府，分别为县、自治县政府，县级市以及市辖区政府、区政府；乡级政府，分别为乡（民族乡）、镇政府。直辖市分为：省级政府即直辖市政府；县级政府，分别为县、自治县、市辖区政府；乡级政府，分别为乡（民族乡）、镇政府。

[①] 《中华人民共和国宪法（2018 修正）》，https：//duxiaofa. baidu. com/detail？searchType = statute&from = aladdin_28231&originquery = % E4% B8% AD% E5% 8D% 8E% E4% BA% BA% E6% B0% 91% E5% 85% B1% E5% 92% 8C% E5% 9B% BD% E5% AE% AA% E6% B3% 95&count = 100&cid = febc490f0c5df76f774ce8620f489505_law，2018 年 3 月 11 日。

（二）数据开放共享

通过文献查阅发现，政府数据开放共享的概念经历了三个发展阶段的演变。

第一个阶段的主要概念是"政府信息公开"（Open Government Information，OGI），1996 年，美国克林顿政府颁发的《信息自由法》修正案提出"政府信息公开"，这一概念迅速成为美国学术界关注的话题。第二个阶段的概念是"开放政府数据"（Open Government Data，OGD），2009年美国奥巴马政府签署了《开放透明政府备忘录》，同年颇具影响力的 Data. gov 上线，标志着美国开放政府数据运动的开始。随着英国政府上线 data. gov. uk、澳大利亚政府推出 data. gov. au 等，开放政府数据形成世界潮流。第三个阶段的概念是"政府数据开放共享"（Open and Sharing Government Data，OSGD）。随着越来越多的国家和机构参与开放政府数据，跨国、跨机构间的数据共享问题成为新热点。我国政府文件中《促进大数据发展行动纲要》率先明确提出了政府数据开放共享的概念，是对开放政府数据的延伸和升级。所以，数据开放共享这个概念更适合我国国情。

（三）政府数据开放与政府信息公开

人们一直区分不开政府信息公开与政府数据开放，甚至混淆了二者之间的概念。但通过对比分析，可以发现虽然具有相似性，但政府信息公开和政府数据开放并不是等同的概念。

首先要区分什么是数据，什么是信息。从广义上来看，数据不仅是统计运算中的数值，还应包括文字、图像、视频、音频等形式。而信息从理论角度来说，可以定义为是整个世间万物进行联系的中介；从现实角度来说，信息则是消息、情报、指令、数据、文字资料等一切的统称，它是一种经过加工运用，可以反映客观事物的，可理解接受并利用的消息的总和。由此可见，数据是承载信息的一种工具，而信息是表达数据的一种方式，是属于不同层级的递进关系，数据是信息的基础，信息是数据的深化；同时数据和信息是一种包含和被包含的关系，信息的形成需要多种因素，而数据却是单一因素，数据是作为信息的子集而存在。

从数据与信息的不同点可以看出，政府数据开放强调的是数据，政府信息公开强调的是信息。由此可见二者之间的关系是，政府数据开放是基础，政府信息公开是发展，二者具有承接与递进的关系。对于政府数据开放与政府信息公开来说，其本质还存在差异。政府信息公开是以公众能够获得合法政府信息为根本目的，体现了政府公开透明的原则，也是公民监督政府的有效途径，它并不是无条件完全的公开信息。而政府数据开放则是向公众免费无条件地开放数据，任何人都可以自由、免费地访问、获取、利用和分享政府的数据。政府信息公开主要体现政治价值，更多的是关注政府层面。政府数据开放则侧重于数据所能开发出来的经济价值，它兼顾政府与利用者两方面。

（四）政策体系

首先，需要明确的一点是，本研究当中所提及的政策属于公共政策范畴，中外学者分别对公共政策的内涵做出了几种比较有代表性的界定①。拉斯韦尔和卡普兰将其定义为：公共政策是"具有目标、价值与策略的大型计划"；托马斯·戴伊认为：凡是政府决定做或不做的事情就是公共政策；罗伯特·艾思通定义为，公共政策就是"政府机构和它周围环境之间的关系"；戴维·伊斯顿将公共政策定义为，是对全社会价值作为权威性的分配；詹姆斯·安德森认为："公共政策是由政府机关或政府官员制定的政策"，而政策是一个有目的的活动过程，这些活动过程是由一个或一批行为者，为处理某一问题或有关事务而采取的。综上，参考国内外学者的看法，可以将公共政策界定为：国家（政府）执政党及其他政治团体在特定时期为实现一定的社会政治、经济和文化目标所采取的政治行动或所规定的行为准则，它是一系列谋略、法令、措施、办法、方法、条例的总称。其次，体系泛指在一定范围内或同类的事物按照一定的秩序和内部联系组合而成的整体，是不同系统组成的系统。关于体系，往大里说，总宇宙是一个体系，各个星系是一个体系。往小里说，社会是一个体系，人文是一个体系，宗教是一个体系，甚至每个学科及

---

① 转引自张金马《政策科学导论》，中国人民大学出版社1992年版，第17—20页。

其内含的各分支均是一个体系，一人、一草、一字、一微尘，也是一个体系。大体系里含有无穷无尽的小体系，小体系里含有无尽无量的、可以无穷深入的更小的体系。众多的小体系构成了一个大体系以至于总体系。总的来说，政策体系是指不同政策单元之间和同一政策内部不同要素之间的关联性及其与社会环境相互作用而形成的系统，具有一定的整体性特征。

二　理论基础

本书主要从新公共管理理论、新公共服务理论、政府治理理论、科学系统论、相关利益者论等理论出发，分析世界主要国家政府数据开放政策，以数据开放为研究背景，对国内地方政府数据治理实践的现状与问题开展案例研究，并对地方政府数据开放政策体系的构建和实践进行思考。

（一）新公共管理理论

新公共管理是在福利国家管理危机的冲击下，20世纪80年代因尊崇市场力量而进行的政府重塑，政府市场化的改革和探索所诞生的新公共管理理论，对西方的行政改革有着深远的影响，新公共管理理论可为政府数据开放建设提供启发的内容有以下几个方面。

一是对政府角色的重新定位。新公共管理改变了政府与公民之间的旧有关系，不再过分强调政府的威权，将政府的决策制定与决策执行分离，将政府也视为市场中的一部分，公民成为"顾客"，以顾客需求为导向，重新定位政府职能，减少政府职能，做到管少管好。大力倡导平等交易，政府向公民提供服务型行政。公民的地位上升，拥有了与政府平等的权利。这提供了政府数据开放的价值导向，政府数据开放建设应当吸取其中的顾客导向，尊重数据开放所面向的受益者，注重对数据需求的分析，并提供较高的服务质量。

二是对政府效率的提升。提升效率一直是公共管理的目标。新公共管理在提升效率方面做出了新的突破。新公共管理通过借鉴企业管理中的产品经营的思维方式，只注重最终的结果，并且运用企业的思维改造旧有的模式，优化政府服务效率。在绩效评估方面，相对于旧有按照行政规制来保证工作效率的方式，新公共管理通过设定绩效目标来确保提升效率，让工作人员自愿地去工作，提升员工的积极性，从而提高效率。政府数据开放可以有效提高政府绩效，减少政府行政的工作量，提升政府效率。

（二）新公共服务理论

随着时间的流逝，学者们发现新公共管理理论存在的一些弊端损害了宪政主义和公共精神，针对这一问题，新公共服务理论应运而生。新公共服务理论通过倡导公民比政府更为重要这一新的行政理念，以"公民优先"取代了新公共管理中的"顾客第一"行政理念。新公共服务理论更加强调民主，以公民为导向的治理，高度整合公共利益，重视公民参与。它对政府数据开放提供以下几点启发。

一是政府为公民服务。新公共服务理论认为政府并不只是履行掌舵的职能，需要更加重视服务的开展。政府在公共管理中首先要考虑的是政府为公民服务，政府的一切行政行为要首先以为公民服务为出发点，不受其他原因所偏托。

二是公共服务的核心是公共利益。传统的公共行政中公共利益常常屈服于经济发展或政治稳定。新公共服务理论认为民主原则更需要重视，公共利益应该在一种和谐的对话机制中得以表达。通过这样可以得到更加公正和公平的政策或方案，关注的重点始终是集体利益而不是少数人的利益。这一点体现出了政府数据开放的目的，将数据所带来的价值让更多的民众受益，满足百姓的需求。

（三）政府治理理论

如何构建地方政府数据开放共享的政策体系，这与政府的日常行为活动息息相关，地方政府部门在政策制定和体系构建时应该思索如何从治理角度更好地向社会公众进行数据开放，政策如何能规范开放数据后不会带来不良的后果和影响等问题。

"治理"的含义，在英语中翻译为"governance"，该概念源于古典拉丁文或古希腊语"引领导航"（Steering）一词，原意多为控制、引导和操纵，指的是在特定范围内行使权威。它隐含着一个政治进程，即在众多不同利益共同发挥作用的领域建立一致或取得认同，以便实施某项计划。治理理论的主要创始人之一詹姆斯·N. 罗西瑙在其代表作《没有政府的治理》和《21世纪的治理》等文章中将治理定义为一系列活动领域里的管理机制，它们虽然未得到正式授权，却能有效发挥作用。与统治不同，治理指的是一种由共同的目标支持的活动，这些管理活动的主体未必是政府，也无须依靠国家的强制力量来实现。[①] 罗茨认为：治理意味着"统治的含义有了变化，意味着一种新的统治过程，意味着有序统治的条件已经不同于以前，或是以一种新的方法来统治社会。"[②] 而我国学者俞可平教授认为："治理的目的是在各种不同制度关系中运用权力去引导、控制和规范公民的各种活动，以最大限度地增进公共利益。"[③] 因此，从上述学者的观点中我们可以得出治理的大致定义：治理是一系列活动领域里的管理机制，他们虽未得到正式授权，却能有效发挥作用，不同于统治，是由共同的目标支持的活动，这些管理活动的主体也未必是政府，也无须依靠国家的强制力量来实现。

治理理论产生的原因主要包含以下几点：一是经济全球化、信息社会的到来对传统的公共行政提出了挑战；二是以信息技术为基础的第三次科学技术革命对政府管理带来了前所未有的挑战（外在原因）；三是传统官僚体制的组织功能已经不能适应21世纪新兴知识社会、信息社会、数据社会的需求；四是政府与市场在社会资源配置过程中的失灵，呼唤着新型的治理模式（内部原因）。进入到20世纪90年代后，随着社会中的志愿组织、慈善机构、社区组织及其他民间组织等社会自治力量的不断壮大，它们对公共生活的影响日益重要，理论界开始再次反思政府与市场、政府和社会的关系问题，[④] 从而推进了新公共管理活动的兴起和发

---

① ［美］詹姆斯·N. 罗西瑙：《没有政府的治理》，张胜军、刘小林等译，江西人民出版社2001年版，第5页。

② ［英］罗伯特·罗茨：《新的治理》，载俞可平《治理与善治》，社会科学文献出版社2000年版，第86—106页。

③ 俞可平：《治理与善治》，社会科学文献出版社2000年版，第16—17页。

④ 陈广胜：《走向善治》，浙江大学出版社2007年版，第95页。

展。而我们所说的"治理理论"正是在批判和继承新公共管理和重塑政府理论范式基础上产生的，它逐渐成为公共管理的新模式。治理模式本质为主体多元化，政府不再是包揽一切公共事务的唯一主体，强调公共管理活动需要除政府自身以外其他社会行动者的积极参与。市场、社会等都可以参与到公共管理当中，强调国家与社会组织互动、各组织间相互协调、交换资源都能平等地参与到公共行政过程中，吸取包括政府在内的更为广阔的力量处理公共事务，政府有责任不断创新，保证高效率，使得行政手段多样化。从治理理论的含义中我们可以发现治理具有以下特征：第一，治理不是一套死板的规则制度，它更像一种活动或是一个过程；第二，治理过程的基础不在于强制管控，更多的是协调沟通；第三，治理的范围既涉及公共部门，也包括私人部门；第四，治理不算一种正式的制度，而是一种持续的互动。

在治理理论的基础上来理解政府治理就比较清晰，政府治理也应属于治理理论的范畴，政府是治理的主要主体。因此，作为治理理论的一部分，政府治理也是新时代的产物。所谓政府治理（Government governance），是指在市场经济条件下政府对公共活动或公共事务的治理。西方国家理论界所说的"政府治理"，是指由政府治理理念、治理结构和运作方式与过程所构成的三位一体的有机框架或网络。政府治理有广义和狭义两种含义。就广义的政府治理而言，整个公共行政的发展过程可以称为政府治理从传统迈向"善治"的过程。就狭义的政府治理而言，其具有不同于传统公共行政模式的特殊含义。政府治理的内容涉及面广，而大数据是国家和政府治理的重要资源。随着大数据时代的到来和国家对数据资源的高度重视，必将带来政府治理模式和治理工具的变革，推动服务型、透明型、责任型、绩效型和协同型政府建设。2013 年 11 月，党的十八届三中全会提出"完善和发展中国特色社会主义制度，推进国家治理体系和治理能力现代化"①。2015 年 8 月 31 日，国务院发布的《促

---

① 习近平：《完善和发展中国特色社会主义制度 推进国家治理体系和治理能力现代化》，《人民日报》2014 年 2 月 18 日第 1 版。

进大数据发展行动纲要》将大数据列为国家基础性战略资源，要求加快大数据部署，深化大数据应用。2016 年 4 月 19 日，习近平总书记在网络安全和信息化工作座谈会上进一步指出，"信息是国家治理的重要依据，要发挥其在这个进程中的重要作用"①。地方政府是国家治理现代化的重要践行者和国家治理能力体系创新的前沿开拓者，也是国家治理能力提升的重要基础。大数据给地方政府治理体系创新和治理能力提升提供了前所未有的历史机遇，也给地方政府治理体系创新和治理能力提升带来了巨大的挑战。因此，政府治理理论对我们研究如何构建地方政府数据开放政策体系大有帮助，是我们研究的重要理论支撑。

（四）科学系统论

本书所研究的政策体系，可以看成一个具体的系统，因此可以从系统论的角度出发，以科学系统论作为构建政策体系的理论基础之一。我们必须了解科学系统论的基本含义，何谓"科学系统论"？科学系统论是指运用客观准确的方法，针对事物的客观本质和其运动规律，把它看成一个有机联系的整体性结构，加以分析研究，从而实现最优化的研究目的。因此，在研究如何构建地方政府数据开放共享体系的问题上，政策体系本身就是一个系统，从系统论的整体性原理（系统是由若干要素组成的具有一定新功能的有机整体，各个作为系统子单元的要素一旦组成系统整体，就具有独立要素所不具有的性质和功能，形成了新的系统的质的规定性，从而表现出整体的性质和功能不等于各个要素的性质和功能的简单加和。系统中要素之间是由于相互作用联系起来的。）和系统的开放性原理（系统具有不断地与外界进行物质、能量、信息交换的性质和功能，系统向环境开放是系统得以向上发展的前提，也是系统得以稳定存在的条件）来加以考量，将与该政策体系构建有联系的各部件，例如数据开放的环境、数据政策制定的主客体、数据政策工具、数据信息的体量、开放的渠道、开放的时间、开放后会产生的后果等问题共同看

---

①　新华社：《习近平总书记在网络安全和信息化工作座谈会上的讲话》，http://www.cac.gov.cn/2016－04/25/c_1118731366.htm？from＝singlemessage，2016 年 4 月 25 日。

成一个整体系统，各方面进行整合考量，有机地将各方面的问题紧紧联系在一起，这才能使得研究效果最优化，才能帮助我们更好地构建政策体系。

（五）利益相关者论

如何构建地方政府数据开放政策体系，这关系到国家和地方数据信息的公开，地方政府该如何有效进行数据的开放是关系到各方利益的严峻问题，既要保证开放信息不会给行政工作带来不便，又要保证开放的数据是社会公众所希望看到的且不会损害公民利益，因此，从利益这个视角出发，需要研究另一理论基础——相关利益者论。

1929 年，通用电气的一名经理在演讲中首次提出"公司应对公司利益相关者负责"，"利益相关者"（Stakeholder）一词由此诞生。利益相关者理论，也称为相关利益者论，是 20 世纪 60 年代在西方国家逐步发展起来的，进入 20 世纪 80 年代以后其影响迅速扩大，并开始影响美、英等国的公司治理模式的选择，并促进了企业管理方式的转变。它最开始是运用于企业管理之中，DoddEM 是最早提出利益相关者社会观的学者，他认为公司的投资者和经理人的决策对公司其他利益相关者会产生外部效应，公司的董事长不仅是股东的信托人，还应该是公司利益相关者的信托人，利益相关者应包括公司职工、主债权人、消费者等。1963 年，美国斯坦福研究院定义利益相关者为"如果没有其支持，企业将无法生存的组织或群体"。美国经济学家弗里曼在此基础上将之加以扩展，他在《战略管理：利益相关者管理的分析方法》一书中认为利益相关者是"那些能够影响企业目标实现，或者能够被企业实现目标过程影响的任何个人和群体"。这个定义不仅将影响企业目标的个人和群体也视为利益相关者，同时还将受企业目标实现过程中所采取行动影响的个人和群体看作利益相关者，正式将当地社区、政府部门、环境保护主义者等实体纳入利益相关者管理的研究范畴[1]。到 20 世纪 90 年代中期，美国经济学家布莱尔对利益相关者定义进一步发展为：所有那些向企业贡献了专用性资产以及

---

[1]　付俊文、赵红：《利益相关者理论综述》，《首都经济贸易大学学报》2006 年第 2 期。

作为既成结果已经处于风险投资状况的人或集团。这个定义有助于把各利益相关者的权利和义务具体化，增强了操作性。总之，企业的本质是利益相关者的契约集合体，利益相关者是所有那些在公司真正有某种形式的投资并且处于风险之中的人，企业利益相关者包括股东、经营者、员工、债权人、顾客、供应商、竞争者、国家。因此，利益相关者管理理论可以归纳为：指企业的经营管理者为综合平衡各个利益相关者的利益要求而进行的管理活动。现在，该理论也逐渐运用在除企业之外的其他组织，例如政府利用该理论平衡自身与公民的利益、社区利用该理论平衡各小区和居民的相关利益等。

政策调整的是人与人之间的行为以及人与人之间的关系特别是利益关系①。就公共政策而言，政策利益相关者即"在政策制定过程中起影响作用及受其影响的群体和个人"②。按利益相关者与政策利益的关系远近，政策利益相关者可分直接利益相关者（Direct interest groups）和间接利益相关者（Indirect interest groups），前者指直接参与某一政策进程，或直接受该政策影响的个体或组织，后者指间接参与某项政策过程，或间接受该政策影响的个体或组织。根据利益相关者与政策的紧密性，分为主要利益相关者（Primary stakeholders）和次要利益相关者（Secondary stakeholders）。根据利益相关者对组织的影响程度，分为政府内部的利益相关者和政府外部的利益相关者。政策利益相关者分析将参与政策制定和执行的个人和群体考虑其中，使政策不仅服务于政府，而且最重要的是为社会公众服务。换句话说，利益相关者分析使公众广泛地参与公共政策的制定，可以有效弥补政府部门政策决策者的有限理性，避免机会主义行为，而且可以使政策体现公众利益，推动政策有效执行③。目前，国内外很多学者从不同的角度就政府数据开放的利益相关者进行了探讨。一些是对不同国家政府数据开放利益相关者的分类，一些是对开放数据计

---

① 陈振明：《政策科学》，中国人民大学出版社 1998 年版，第 122 页。
② ［美］威廉·邓恩：《公共政策分析导论》，谢明、伏燕、朱雪宁译，中国人民大学出版社 2010 年版，第 6 页。
③ 梁之栋：《公共政策分析与研究》，西安交通大学出版社 2017 年版，第 84—88 页。

划、开放数据过程涉及利益相关者的分类。利益相关者分类主要按主要利益相关者和次要利益相关者划分，也有学者将利益相关者分为政府组织类、非政府组织类和个人三大类。如沈晶、胡广伟在《利益相关者视角下政府数据开放价值生成机制研究》中将利益相关者分为三类。一是政府组织类利益相关者：立法部门、领导部门、实施部门；二是非政府组织类利益相关者：国际组织、社会团体、商业组织、资金提供方、信息技术提供方；三是个人：普通公民、学者、媒体和信息技术爱好者。① 除了对利益相关者作全面的分析外，也有学者提出了政府数据开放的主要利益相关者。如 Dawes 等（2016）提出了政府数据开放主要的利益相关者，即负责 OGD 计划的政府领导和组织、直接的 OGD 用户（包括透明度倡导者、数据分析员以及使用 OGD 开发无偿和商业应用的公民、技术社区成员）和 OGD 使用的受益者（包括个人和组织）②。M. Kassen（2017）将哈萨克斯坦开放数据运动的主要利益相关者分为政策制定者、非政府组织、企业、开发商、大众媒体和公民③。同时，M. Kassen（2017）还将瑞典开放数据运动的主要利益相关者分为独立的开发者、精通技术的公民、创业公司和黑客马拉松参与者④。结合以上学者对不同国家利益相关者的分类，可以发现学者们对不同国家的主要利益相关者划分都不同。正如 E. Styrin 等所言，"每个国家的主要利益相关者各不相同。美国的主要利益相关者包括政府机构，也包括使用数据为客户和股东创造价值的企业家和公司。而对俄罗斯而言，利益相关者是开放数据

① 沈晶、胡广伟：《利益相关者视角下政府数据开放价值生成机制研究》，《情报杂志》2016 年第 12 期。

② S. S. Dawes，L. Vidiasova，O. Parkhimovich，Planning and Designing Open government Data Programs：An Ecosystem Approach. *Government Information Quarterly*，2016，33（1）：15–27.

③ M. Kassen，Open Data in Kazakhstan：Incentives，Implementation and Challenges. *Information Technology & People*，2017，30（2）：301–323.

④ M. Kassen，Understanding Transparency of Government from a Nordic Perspective：Open Government and Open Data Movement as a Multidimensional Collaborative Phenomenon in Sweden. *Journal of Global Information Technology Management*，2017，20（4）：236–275.

集的政府机构，在某些情况下，可能还有负责开发应用程序的 IT 公司"①。

（六）公共政策理论

在理想的竞争模型中，产品以帕累托最优的方式分配，即通过市场看不见的手对产品进行分配。而政府数据作为公共物品，在消费方面具有非竞争性，在使用方面具有非排他性，极易造成市场失灵。公共政策理论诞生于第二次世界大战后的美国。哈罗德·拉斯韦尔（H. D. Lasswell）和丹尼尔·拉纳（D. Lerner）于 1951 年主编的斯坦福大会讨论会论文集中首先提出了政策科学的概念，自此开启了政策科学运动②。

1. 公共政策界定

公共政策之"公共（Public）"意味着政策处理和解决的是公共事务和公共问题，维护公共秩序，是"需要公众参与和处理的领域及其范围"③。政府数据属于公众物品，因此政府数据开放政策体系构建需要公共政策理论作为指引。那么，什么是"公共政策"？戴维·伊斯顿（D. Easton）（1953）认为，通过对公共政策的制定和执行可以实现"对全社会的价值作有权威的分配"④。政策科学的倡导者拉斯韦尔（H. D. Lasswell）与卡普兰（A. Kplan）（1970）认为，公共政策是"一种含有目标、价值与策略的大型计划"⑤。该定义阐明了政策的基本构成，强调了政策要解决什么问题、坚持怎样的价值立场以及怎样解决问题。劳恩格（Leung）也指出，"政策是价值的具体表达，其中包括资源和权

---

① E. Styrin, L. F. Luna – Reyes, T. M. Harrison, *Open Data and Open Government*: *From Abstract Principles to Institutionalized Practices*, Proceedings of the 17th International Digital Government Research Conference on Digital Government Research. New York：ACM, 2016：76 – 85.

② 张亲培：《公共政策基础》，吉林大学出版社 2009 年版，第 23 页。

③ 谢明：《公共政策导论》，中国人民大学出版社 2011 年版，第 7—8 页。

④ D. Easton, *The Political System*, New York：Kroof. 1953：129.

⑤ H. D. Lasswell, A. Kplan, *Power and Society*, New Haven：Yale University Press, 1970：71.

利的分配"①。这三种定义都突出了政策的价值功能和价值目标。伍德罗·威尔逊（W. Wilson）认为，公共政策是"由政治家制定、行政人员实施的法律和法规"②。这一定义指出了政策的制定主体和实施主体，但将政策局限于权力机关制定的法律与法规，显然并不全面。叶海卡·德罗尔（Y. Dror）（1968）指出，政策是在指导社会行动的主要方案之间进行选择的结果③。托马斯·戴伊（T. R. Dye）（1987）认为"凡是政府选择做或不做的事情就是公共政策"④。这两种定义将政策界定为政府选择决策的结果。英国学者理查德·罗斯（R. Rose）（1969）认为，公共政策是有相互联系的活动组成的一系列过程⑤。卡尔·弗里德里奇（C. J. Friedrich）（1963）认为公共政策是"在某一特定的环境下，个人、团体或政府有计划的活动过程"⑥。同样，詹姆斯·安德森（J. E. Anderson）（2003）认为"政策是一个或一组行动者为解决一个问题或相关事务所采取的相对稳定的、有目的的一系列行动"⑦。由此可见，这些学者将政策视为一系列活动过程，突出政策的过程特点。曾任联合国公共行政处处长的中国台湾学者伍启元在《公共政策》（1989）中指出，"公共政策是政府对公私行动所采取的指引"⑧。林永波与张世贤（1987）认为，公共政策"是个人、团体或政府在固定的环境中所撰写的行动计划"⑨。张金马（1991）认为，公共政策是"党和政府用以规范、

①　［美］帕顿、沙维奇：《公共政策分析和规划的初步方法》，孙兰芝、胡启生、顾平安等译，华夏出版社 2002 年版，第 24 页。

②　伍启元：《公共政策》，商务印书馆 1989 年版，第 4 页。

③　Y. Dror, *Public Policymaking Reexamined*, San Francisco, CA：Chandler Publishing Company，1986.

④　［美］托马斯·戴伊：《理解公共政策》，谢明译，中国人民大学出版社 2011 年版，第 1 页。

⑤　R. Rose, *Policy – Making in Britain：A Reader in Government*. London：Macmillan，New York：Free Press，1969.

⑥　C. J. Friedrich, *Man and His Government*. New York：McgrawHill，1963：79.

⑦　J. E. Anderson, *Public Policymaking（Fifth Edition）*. Boston：Houghton Mifflin Company，2003：2.

⑧　伍启元：《公共政策》，商务印书馆 1989 年版，第 9 页。

⑨　林永波、张世贤：《公共政策》，五南图书出版公司 1987 年版，第 8 页。

引导有关机构团体和个人行动的准则或指南"①。这两种定义都过分强调党和政府的政策主体地位,而忽视了其他社会团体在公共事务中的作用。张国庆(2004)认为,公共政策是"公权力主体制定和执行的用以确定和调整广泛社会关系的行为规范"②。宁骚(2011)指出,公共政策是"国家机关、政党及其他政治团体在特定时期为实现或服务于一定社会政治、经济、文化目标所采取的政治行为或规定的行为准则"③。谢明(2011)认为,公共政策是"社会公共权威在特定情境中,为达到一定目标而制定的行动方案或行动准则"④。陈庆云(2011)指出,公共政策是"政府依据特定时期的目标,通过对社会中各种利益进行选择与整合,在追求有效增进与公平分配社会生产单位的过程中所制定的行为准则"⑤。李勇军(2013)等指出,公共政策是指"以政府为代表的公共权力机构为解决社会公共问题,通过一定的政治程序制定和执行的法律、法规等的总称"⑥。

综上所述,我国对公共政策的界定较多突出了党和政府的政策制定主体功能,具有较强的政治色彩。实际上,政策制定者还包括社会团体、非政府组织以及除政府以外的公共服务机构。就政策的表现形式而言,国内学者基本达成一致。如张金马(1991)、谢明(2011)指出的,政策主要有法律规章、行政规定或命令、政府首脑的声明和指示、政府规划以及行动计划或策略等⑦。从国内外的诸多定义可以看出,公共政策的一个主要方面是法律。一般而言,该法律包括具体立法和更广泛定义的宪法或国际法规定。因此,本书将政府数据开放政策界定为:政府以及其他组织为推进政府数据开放制定的法律、法规、行政命令、书面或口头

---

① 张金马:《政策科学导论》,中国人民大学出版社1991年版,第19—20页。
② 张国庆:《公共政策分析》,复旦大学出版社2004年版,第4页。
③ 宁骚:《公共政策学》,高等教育出版社2011年版,第10页。
④ 谢明:《公共政策导论》,中国人民大学出版社2011年版,第5页。
⑤ 陈庆云:《公共政策分析》,北京大学出版社2011年版,第10页。
⑥ 李勇军:《公共政策》,浙江大学出版社2013年版,第8页。
⑦ 张金马:《政策科学导论》,中国人民大学出版社1991年版,第19—20页。谢明:《公共政策导论》,中国人民大学出版社2011年版,第5页。

声明和指示、政府规划以及行动计划等。

2. 政策过程理论

如前文所述，公共政策是由一系列活动构成的动态过程。早期的政策研究者着重政策过程的研究。如拉斯维尔于 1956 年提出了决策过程的七个阶段：情报、提议、规定、合法化、应用、终止以及评估①。早期的重视使得政策过程理论在 20 世纪 60 年代中期至 80 年代中期得到不断的完善和发展，具有代表性的学者如安德森、戴伊等。政策过程理论将政策过程视为一种政治生命过程来加以描述，强调政策过程的可控性、必然性和次序性。②

总体来看，政策过程一般包括：问题确认、议程设置、政策制定、政策执行和政策评估。政策问题确认是确认某社会问题需要制定相应的政策加以解决的活动，是现代政策分析的中心环节。问题的界定如果不正确，可能会导致为错误的问题找正确的答案，或者用正确的方案去解决错误的问题③。议程设置即"将政策问题纳入政治或政策机构的行动计划的过程"④，或"多方面群体需求被转化为政府准备付诸行动的项目的过程"⑤。政策制定是为政策问题寻找解决方案，并使之合法化的过程。政策合法化才能使政策具备权威性，从而得到有效的执行。政策执行是政策制定后，将政策规定的内容付诸实践使其成为现实的过程。政策评估指不同国家及社会行动者为判定政策实施后的进展和预测将来的绩效而进行的一切活动⑥。其作用在于可为政策制定提供反馈，从而便于政策

①　［美］保罗·A. 萨巴蒂尔：《政策过程理论》，彭宗超、钟开斌等译，生活·读书·新知三联书店 2004 年版，第 23 页。

②　谢明：《公共政策概论》，中国人民大学出版社 2014 年第 2 版，第 138—140 页。

③　黄如花、温芳芳：《我国政府数据开放共享政策问题的构建》，《图书情报工作》2017 年第 20 期。

④　张金马：《政策科学导论》，中国人民大学出版社 1991 年版，第 146 页。

⑤　吴逊、［澳］饶墨仕、［加］迈克尔·豪利特、［美］斯科特·A. 弗里曾：《公共政策过程：制定、实施与管理》，上海格致出版社 2016 年版，第 22—46 页。

⑥　吴逊、［澳］饶墨仕、［加］迈克尔·豪利特、［美］斯科特·A. 弗里曾：《公共政策过程：制定、实施与管理》，上海格致出版社 2016 年版，第 22—46 页。

修订和政策执行的改进，甚至终止政策。需要指出的是政策过程各阶段不是截然区分的。政策过程的不同阶段是相对的，它们互相融合甚至重叠，整个过程也不是简单的线性关系，不同阶段可能存在反馈或者回路。如萨巴蒂尔所言，阶段分析方法没有揭示出不同环节之间的因果关系，并没有说明一个阶段是如何走向另一个阶段的①。而且，政策过程的不同阶段的顺序有时并不按照设定议程、政策制定、政策执行、政策评估这样的顺序进行。尽管如此，政策过程理论仍然是目前使用最多的理论。因为政策过程理论为政策制定与执行提供了一个科学的分析框架②。鉴于本研究的目的在于构建我国政府数据开放的政策体系，在研究中必须以公共政策理论为依据，采用公共政策分析的工具和方法。同时，我国政府数据开放正处于顶层设计阶段，政策的制定在相当长时期内是工作的重点。政策制定是政策过程中的关键环节，而且政策制定的水平影响政策过程中执行等其他环节。因此，政策方案的提出必须有全局观，从整个政策过程进行全面考虑，切实保证政策方案能够解决开放数据中的政策问题。

第四节　地方政府数据开放共享研究路线及方法

一　研究路线

考虑到综合地域的多样性、开放数据政策的成熟度差异、开放数据机构和平台的配套建设情况，本研究是在对地方政府"数据资源开放共享"这一核心概念的内涵与外延的界定基础上，实证调查和分析贵阳、遵义、安顺、毕节、铜仁、六盘水、凯里、哈尔滨、青岛、广州、济南11个城市在数据资源开放这一政策制定和政策执行方面的历史进程和发展现状。研究这些地方政府在构建数据资源开放共享的政策体系内容；

---

① ［美］保罗·A.萨巴蒂尔：《政策过程理论》，彭宗超、钟开斌等译，生活·读书·新知三联书店2004年版，第30页。

② 谢明：《公共政策概论》，中国人民大学出版社2014年版，第138—140页。

运用比较分析方法，分析这些政府部门在数据资源开放共享上的动力因素和阻力因素及其影响路径，在调查分析有代表性的地方政府数据管理与共享政策体系建设的理论和实践的基础上，构建了一个由宏观层面的法律法规、中观层面的政策规章、微观层面的管理制度构成的数据管理与共享政策体系。从多视角解读这些城市开放数据政策文本的异同点，探寻规律与特点，从而为改进和完善地方政府开放数据政策体系提供参考。

总体研究框架如下。

（一）对政府数据开放共享的内涵、基本理论与特点进行科学界定，梳理我国政府数据开放政策历史进程，对我国政府数据开放共享基本现状进行分析。

（二）通过样本数据调查，根据 2018 年复旦大学联合提升政府治理能力大数据应用技术国家工程实验室、国家信息中心数字中国研究院发布的《2018 中国地方政府数据开放报告》中的排名，选取前五名贵阳、哈尔滨、青岛、广州、济南与贵州省遵义、安顺、毕节、铜仁、六盘水、凯里、兴义、都匀等 11 个城市数据开放共享的建设情况进行比对，从政策环境、政策主体和客体、政策工具、政策目标和政策效果几个方面系统分析地方政府开放数据政策体系。

（三）根据《开放数据晴雨表：全球报告》，对全球排名前十的澳大利亚、加拿大、美国进行数据开放政策研究，探讨我国政府数据开放共享的政策方案，为我国政府数据开放找到可借鉴的经验。

（四）找出破解地方政府在数据开放共享上的政策困境和壁垒，找到对数据开放共享有引导优势和促进作用的政策"发动机"，构建我国数据开放共享"纵向＋横向"政策体系，为各级地方政府进一步加快数据开放提供政策参考依据。

二　研究方法

本研究主要采用多种研究方法结合，主要方法有比较研究法、文献挖掘法及路径分析法。

第一是采用比较研究法。首先是通过归纳大数据时代不同地方政府数据开放共享的政策策略，提出一些研究议题。

第二是文献挖掘法。通过中国知网以及其他公共搜索平台，搜集有关政府数据共享、政府信息管理以及电子政务数据分析等相关资料，总结这 14 个地方政府电子政务和平台建设的变迁过程，并从中总结优势与劣势。通过国内外相关文献的搜索，理解数据开放共享的概念及其优劣，形成系统而全面的认识。

第三是路径分析法。所谓路径分析法，是依赖上述各种方法，结合大数据时代的历史以及中国政府信息平台建设的现状，从理论、概念出发，提出破解困境的路径。这是一个演绎与归纳结合的过程。

三　研究创新尝试

本研究不是从全国角度或者是某个地方政府单一角度来对地方政府数据开放共享进行研究，而是以 2018 年全国数字平台建设中排名前 5 的地方政府（含贵阳市）和贵州 6 个地方政府，即遵义市、安顺市、毕节市、铜仁市、六盘水市、凯里市为研究对象，从多视角解读这些城市开放数据政策文本的异同点，探寻规律与特点，分析得到各个区域在政府资源共享困境上存在的政策共通和差异，以期能在差异中求共通，共通中找差异，找到既能适合所有区域的共通的政策解决路径，也能发现有地域特征的特殊解决路径。找到对数据开放共享有优势引导和促进作用的政策"发动机"，为地方各级政府进一步加快数据开放提供参考依据，从而推进政府数据开放共享的政策体系的完善和发展。

第 二 章

我国政府数据开放共享现状

2019 年上半年，《中国地方政府数据开放报告》第四期（以下简称《报告》）由复旦大学和国家信息中心联合发布。《报告》对各地方政府数据开放情况做出评估，并形成一套由准备度、平台层、数据层、利用层四个维度共同组成的评估指标体系。其中，"准备度"被形象比喻为"树根""是数据开放的基础，包括法规与政策、组织与执行、标准规范等内容"。而其中的"法规与政策"，则与本书研究的重点不谋而合。本书对近几年我国各地方政府针对数据开放出台的政策法规、通知公告、新闻报道、领导人讲话等进行系统梳理，结合对第四期《报告》的深入研究发现，近年来，政府数据开放共享得到全国各地方政府广泛重视，越来越多地方政府为此做出不少政策准备，并纷纷建立独立的数据开放共享平台，全国各地政府数据开放"数林"逐渐枝繁叶茂、开花结果。

第一节 我国国家层面政府数据开放政策的历史进程

我国政府数据开放共享政策整体上经历了 3 个阶段，分别以 2007 年《政府信息公开条例》与 2015 年《促进大数据发展行动纲要》为分水岭。为反映数据开放共享政策的演化情况，本节采用描述性统计、社会网络分析以及政策文本分析三种方法从不同角度揭示政策制定主体和政策内容的变化。

一　起步阶段（2001—2006 年）：个别部门自发

2007 年《政府信息公开条例》发布以前，有一些数据富集部门在有关政策中提出了数据共享的概念，并对各部门数据管理或数据质量进行了不同程度的规定。

表 2—1　　　　　　　　2001—2006 年涉及的政府数据共享政策[①]

制定时间	政策制定主体	相关政策
2006 年 12 月 26 日	交通运输部	交通运输部关于印发公路水路信息资源目录体系总体框架的通知
2006 年 11 月 2 日	国家税务总局	国家税务总局关于加强税收征管业务数据管理的通知
2006 年 10 月 19 日	中国地震局	中国地震局关于进一步推进政务公开工作的意见
2006 年 6 月 20 日	中国地震局	地震科学数据共享管理办法
2005 年 12 月 29 日	交通运输部	交通运输部关于印发交通信息基础数据元集的通知
2005 年 11 月 1 日	中国地震局	中国地震局关于印发《首都圈地区地震数据产出与服务管理办法（试行）》的通知
2005 年 6 月 8 日	教育部	教育部关于印发《教育部科技基础资源数据平台建设管理办法》的通知
2005 年 5 月 9 日	劳动和社会保障部	劳动和社会保障部办公厅关于做好劳动保障数据中心建设有关问题的通知
2003 年 9 月 25 日	科学技术部	科学技术部关于 2003 年度国家科技基础条件平台工作项目组织和申报工作的通知
2002 年 1 月 22 日	国家海洋局	海洋赤潮信息管理暂行规定
2001 年 1 月 20 日	科学技术部	国家科技计划管理暂行规定
2001 年 1 月 20 日	科学技术部	国家科技计划项目管理暂行办法

从政策发布的时间来说，2005 年以前制定的政策数量仅占该阶段政策总量的 33.3%，大多政策是在 2005 年、2006 年发布的。从政策制定主

---

① 温芳芳：《我国政府数据开放的政策体系构建研究》，博士学位论文，武汉大学，2019 年 5 月，第 72 页。

体上来看，科学技术部的政策中对数据共享的规定较早。而对数据管理、数据共享规定较为集中的是国家海洋局、中国地震局和交通运输部。从政策内容来看，科学技术部是最早着手数据共享的政府部门。在《国家科技计划项目管理暂行办法》（2001 年）中就严格要求各类科技计划必须建立兼容的数据库以推动数据共享，并明确了项目承担者数据移交责任和被验收者的数据质量责任①。在《国家科技计划管理暂行规定》（2001 年）中进一步提出建立数据保存使用和共享的相关制度，其中包括数据的基本框架、内容、保存方式和年限、共享条件以及申请使用的要求等②。2003 年，科技数据共享成为国家科技基础条件平台工作项目的重点领域，科学技术部在数据政策法规研究、数据共享技术标准研究、数据库建设与共享服务方面给予了重点支持③。随着科学技术部数据共享的发展，国家海洋局、中国地震局和国家税务总局制定了专门的数据管理政策。《海洋赤潮信息管理暂行规定》中将赤潮数据囊括到赤潮信息的范畴，具体的内容包括赤潮数据的汇集、处理与发布④。中国地震局在2005—2006 年集中性地发布了地震数据产出、共享与服务的政策。即包括首都圈地震数据产出、存储、汇交与服务的政策⑤，也有专门针对地震科学数据共享的政策⑥。《地震科学数据共享管理办法》（2006 年）由总

①　科学技术部：《国家科技计划项目管理暂行办法》，http：//www. most. gov. cn/fggw/bmgz/200811/t20081105_64826. htm，2018 年 12 月 10 日。

②　科学技术部：《国家科技计划管理暂行规定》，http：//kyc. bbc. edu. cn/s/65/t/214/b7/01/info46849. htm，2018 年 12 月 10 日。

③　科学技术部：《关于 2003 年度国家科技基础条件平台工作项目组织和申报工作的通知》，http：//www. most. gov. cn/tztg/200309/t20030925_8894. htm，2018 年 12 月 10 日。

④　国家海洋局：《海洋赤潮信息管理暂行规定》，http：//www. soa. gov. cn/zwgk/zcgh/sthb/201211/t20121105_5406. html，2018 年 12 月 10 日。

⑤　中国地震局：《关于印发〈首都圈地区地震数据产出与服务管理办法〉（试行）的通知》，http：//www. pkulaw. cn/FULLTEXT_FORM. ASPX？DB = CHL&GID = 77428&KEYWORD = &ENCODINGNAME = &SEARCH_MODE = ACCURATE.，2018 年 12 月 10 日。

⑥　中国地震局：《地震科学数据共享管理办法》，http：//www. weinan. gov. cn/gk/zcfg/478896. htm，2018 年 12 月 10 日。

则、数据产出与汇交、数据管理与服务、数据共享与使用、罚则与附则共同构成，该政策成为国家级政府部门数据共享政策的典范。而在国家税务总局《关于加强税收征管业务数据管理的通知》① 中，数据管理包含了数据采集、维护、整合、应用和发布，以及推动政策执行的制度、人员培训和组织领导。除贯穿生命周期的数据管理外，起步阶段的政策还包括数据中心、数据平台建设数据描述和数据目录等方面的内容。数据中心的建设要具备数据共享的功能并且可以实现不同机构数据整合和系统整合②。交通运输部为实现交通行业信息资源共享发布了《交通信息基础数据元集》。交通运输部发布的《公路水路信息资源目录体系总体框架》以交通信息资源核心元数据为基础，对数据资源进行有序的组织③。

起步阶段我国政府数据开放共享政策的特点：一是政策制定是个别数据富集部门自发的。二是政策多为实现中央各政府部门系统内的数据共享。三是数据共享涉及数据采集、汇交、储存、共享、应用等数据管理的整个生命周期。四是数据共享与管理政策均以推动数据应用为目的，因此在政策中突出强调数据应用。五是个别部门为实现本系统内的数据共享建立了数据目录体系。六是部门数据管理政策执行机制初步建立。

二　发展阶段（2007—2014 年）：主管部门推动

2007 年 4 月 5 日，国务院发布了《政府信息公开条例》，旨在推动不同政府机构信息的公开与利用。从政策发布的时间来看，虽然 2007 年的政策数量与 2005 年、2006 年的数量保持一致，维持了较稳定的状态，但

---

① 国家税务总局：《关于加强税收征管业务数据管理的通知》，http：// www. cq. gov. cn/publicinfo/web/views/Show! detail. action？sid = 1001712，2018 年 12 月 10 日。

② 国家税务总局：《关于加强税收征管业务数据管理的通知》，https：// www. leshui365. com/law/PUB27140244787900323. html，2018 年 12 月 10 日。

③ 交通部：《关于印发公路水路信息资源目录体系总体框架的通知》，http：// zizhan. mot. gov. cn/Zfxxgk/bnssj/kjs/201304/t20130412_1423433. html，2018 年 12 月 10 日。

在后来的 2008—2011 年政策发展呈现低潮，直到 2013 年数量才有明显的增长。

表 2—2　2007—2014 年国家各政府部门制定政策的情况（TOP 20）①

制定主体	制定政策数量	制定主体	制定政策数量
国家发展和改革委员会	5	财政部	2
国务院	4	国防科学技术工业委员会	2
国土资源部	4	国家统计局	2
国家卫生和计划生育委员会	4	国家安全生产监督管理总局	2
工业和信息化部	3	水利部	1
商务部	3	国家能源局	1
教育部	3	国家质量监督检验检疫总局	1
国家海洋局	2	国家税务总局	1
住房和城乡建设部	2	国家工商行政管理总局	1
交通运输部	2	中央机构编制委员会办公室	1

从政策制定主体来看，在该阶段有更多的政府部门制定并发布了数据开放或共享政策（见表 2—2）。其中，国家发展和改革委员会成为该阶段政策制定的最主要部门。国土资源部、国家卫生和计划生育委员会、商务部等也参与到政策制定中来。国家海洋局、交通运输部的政策在前一阶段的基础上有进一步发展。与此同时，政府部门间的合作也在加强。合作制定政策的政府部门 35 个，合作制定两份以上政策的机构依次为国家发展和改革委员会、工业和信息化部、国土资源部、财政部和教育部（见表 2—3）。并且，国家发展和改革委员会及工业和信息化部起着积极的主导和推动作用。从政策内容上来看，《政府信息公开条例》发布以后，国家各部门从基础设施建设、共享机制、数据开放、数据应用和开发、数据质量和数据所有权等多个方面推动数据共享。具体表现在：

① 温芳芳：《我国政府数据开放的政策体系构建研究》，博士学位论文，武汉大学，2019 年 5 月，第 74 页。

（一）系统内加强数据共享的基础设施建设。主要是制定系统内的数据规范，建立数据中心，统一建设政务信息资源数据库或数据平台，对部门内数据库进行集成或整合，实现系统范围内数据资源共享。

表2—3 2007—2014年国家各政府部门合作制定政策的情况（TOP10）①

制定主体	制定政策数量	制定主体	制定政策数量
国家发展和改革委员会	5	住房和城乡建设部	1
工业和信息化部	4	水利部	1
国土资源部	2	国家能源局	1
教育部	2	国务院法制办	1
财政部	2	国家质量监督检验检疫总局	1

（二）政策以规范系统内数据共享为主。国务院从2014年才开始出台跨部门共享政策，2014年年底国务院《关于促进电子政务协调发展的指导意见》（以下简称《指导意见》）要求各政府部门梳理各自的共享需求，实施跨部门数据按需共享②。国家海洋局海洋环境监测数据的共享政策涉及共享原则、共享内容、共享范围、共享程序和监督管理③。

（三）"数据开放"的程度不断扩大。虽然国家林业局于2007年提出"开放数据"④，但其所言及的"开放"仅限于向其他单位和地方共享。2007年《关于促进卫星应用产业发展的若干意见》进一步提出卫星遥感

---

① 温芳芳：《我国政府数据开放的政策体系构建研究》，博士学位论文，武汉大学，2019年5月，第75页。

② 国务院办公厅：《关于促进电子政务协调发展的指导意见》，http：//www.czbeihu.gov.cn/zwgk/zwxxgkml/zwgkgzzd/content_2126561.html，2018年12月10日。

③ 国家海洋局：《关于实施海洋环境监测数据信息共享工作的意见》，http：//news.makepolo.com/3833897.html，2018年12月10日。

④ 国家林业局：《关于进一步加强政务信息、电子政务、督查督办、政务公开工作的指导意见》，http：//www.e-gov.org.cn/article-61534.html，2018年12月10日。

数据开放共享，推动数据的公益性和商业性服务。2014 年国务院《指导意见》将提升数据开放水平作为工作目标，提出建设国家公共信息资源开放平台，推动政府数据开放①。

（四）数据应用和开发受到越来越多政府部门重视。遥感卫星数据的应用和增值开发走在前列。2007 年国防科工委的两份文件都致力于卫星数据的应用。其中包括国家数据平台的建立、数据所有权、数据源保障、应用培训、应用服务产业链等②③。除此之外，2012 年国务院在《"十二五"国家战略性新兴产业发展规划》中首次提出建立"政府公共信息资源开发激励机制"④。

（五）国家海洋局、国土资源部、商务部各有 1 份政策涉及数据管理，涉及数据汇交、数据保管、数据使用、数据发布和数据安全等内容。如国家海洋局的数据管理包括数据内容，数据采集、汇交与共享，数据维护与安全⑤。国土资源部的数据管理包括管理机构和职责、生产和汇交、数据保管和数据利用等⑥。

（六）数据质量。一些部门在政策中提出增强对不同部门数据的比对，专门的数据质量政策相对较少。仅国家工商行政管理总局在系统范

---

① 国务院办公厅：《关于促进电子政务协调发展的指导意见》，http：//www. czbeihu. gov. cn/zwgk/zwxxgkml/zwgkgzzd/content_2126561. html，2018 年 12 月 10 日。

② 国防科工委：《关于鼓励国内用户使用中巴地球资源卫星数据的若干意见》，https：//wenku. baidu. com/view/70ef12f21611cc7931b765ce05087632301274d5. html，2018 年 12 月 10 日。

③ 国家发展改革委、国防科工委：《关于促进卫星应用产业发展的若干意见的通知》，http：//www. ndrc. gov. cn/zcfb/zcfbtz/200711/t20071123_174233. html，2018 年 12 月 10 日。

④ 国务院：《关于印发"十二五"国家战略性新兴产业发展规划的通知》，http：//www. gov. cn/zwgk/2012－07/20/content_2187770. htm，2018 年 12 月 10 日。

⑤ 国家海洋局：《国家海域使用动态监视监测管理系统数据资料管理办法》，http：//www. 110. com/fagui/law_315451. html，2018 年 12 月 10 日。

⑥ 国土资源部：《关于印发〈国土资源数据管理暂行办法〉的通知》，http：//www. mlr. gov. cn/zwgk/zytz/201009/t20100915_767561. htm，2018 年 12 月 10 日。

围内开展了数据质量年活动①，国家统计局作为政府数据密集性部门，在数据质量方面出台了不少政策，如制定《国家统计质量保证框架》②；发布《关于加强和完善服务业统计工作的意见》，对服务业统计数据进行质量控制和评估。

（七）确认数据所有权。虽然对数据所有权的界定较少，但此阶段的政策中有两种数据界定。一种是认定数据归国家所有，如国防科工委规定中巴地球卫星数据属归国家所有③；另一种是数据归委办局所有，如民航总局规定其各类信息系统的数据归自己所有④。

在初步发展阶段，我国政府数据开放政策具有以下特点：一是政策制定的参与主体增多，国家发展和改革委员会与工业和信息化部起着主导作用；二是政府各部门为实现数据共享在政策制定方面的合作加强；三是少数部门有限的"数据开放"转变为中央政府全面性的积极倡导；四是系统内部的数据共享逐渐转变为跨部门跨系统的数据共享；五是政策对数据应用和开发的重视程度逐步提高；六是数据开放共享的基础设施有了较好的基础。

三　发展阶段（2015—2018 年）：中央政府引导

2015 年起，国家政府数据开放政策呈现明显的增长，无论是国务院还是各部委的政策数量较前两个阶段均较为突出。经统计，该阶段发布政策的数量占所有政策的 74%。特别是 2015 年 8 月 31 日国务院发布《关于印发促进大数据发展行动纲要的通知》后，政策数量于 2016 年又

---

①　国家工商行政管理总局：《关于在全国工商行政管理系统开展"数据质量建设年"活动的通知》，http：//www. 51wf. com/law/138697. html，2018 年 12 月 10 日。

②　国家统计局：《国家统计质量保证框架》，http：//www. stats. gov. cn/tjgz/tjdt/201309/t20130924_447984. html，2018 年 12 月 10 日。

③　国防科工委：《关于鼓励国内用户使用中巴地球资源卫星数据的若干意见》，https：//wenku. baidu. com/view/70ef12f21611cc7931b765ce05087632301274d5. html，2018 年 12 月 10 日。

④　国家民用航空总局：《关于印发〈民航电子政务管理办法〉的通知》，http：//www. caac. gov. cn/XXGK/XXGK/ZCFB/201511/t20151104_10863. html，2018 年 12 月 10 日。

出现明显的增长。其中各部委的政策数量增长更为突出。

表2—4　　2015年至今国家各政府部门制定政策的情况（TOP20）①

制定主体	制定政策数量	制定主体	制定政策数量
国务院	35	国家工商行政管理总局	4
国家发展和改革委员会	1	国家质量监督检验检疫总局	4
交通运输部	9	国家能源局	3
工业和信息化部	8	民政部	3
国家海洋局	3	国土资源部	6
国家互联网信息办公室	3	农业农村部	6
教育部	5	财政部	3
中国共产党中央委员会	5	人力资源和社会保障部	5
住房和城乡建设部	3	国家测绘地理信息局	3
国家税务总局	7	中国气象局	3

从政策制定主体来看，单独或合作制定政策的政府部门总共有44个，比前一阶段明显增多。结合表2—3与表2—4可以看出，各部门制定政策的数量也较前一阶段有明显的上升。在该阶段，国家发展和改革委员会与工业和信息化部仍发挥着重要的作用；国土资源部、交通运输部、教育部等依然是政策制定较多的部门。一个最突出的差别是，国务院制定的政策数量最多，且几乎是国家发展和改革委的3倍。甚至在《中华人民共和国国民经济和社会发展第十三个五年规划纲要》（2016年）中也将实施大数据战略作为重要章节，着力推动数据开放共享和大数据产业发展。本阶段合作制定政策的政府部门有34个，与前一阶段没有明显差别。但从表2—4可以看出，合作制定的政策数量有明显的增加，其中国家发展和改革委员会、工业和信息化部、国务院合作制定政

---

① 温芳芳：《我国政府数据开放的政策体系构建研究》，博士学位论文，武汉大学，2019年5月，第77页。

策较多。这说明数据开放共享在该阶段受到国家高度的关注。与此同时，各政府部门的合作程度也不断紧密，意味着各政府部门通过协作的方式解决不同部门数据共享问题。

从政策内容来看，快速发展阶段的政策主要关注数据基础设施建设、数据管理、数据共享、数据开放、数据分析与应用、数据安全和政策实施。具体表现在：

（一）数据基础设施。该阶段，国务院、中共中央以及全国人民代表大会发布的政策均从国家大数据发展的大局出发，着重推动国家大数据平台、数据开放平台、数据共享交换平台、政务信息资源目录以及数据中心的建设。在国家政策的推动下，各部委主要是制定实施性政策。一方面积极响应中央政府的政策要求实现部门数据与国家统一开放共享平台对接与共享，另一方面在本部门内部也推动平台建设、信息系统整合并梳理各自目录。

（二）数据共享。本阶段发布数据共享相关的政策 64 部，其中部门政策 46 部，交通运输部、国土资源部、国家海洋局发布的政策较多；国家发展和改革委员会、工业和信息化部制定 6 部，国务院制定政策多达 20 部。交通运输部、国土资源部、国家卫生和计划生育委员会在《促进大数据发展行动纲要》（以下简称《纲要》）发布之前均在政策中涉及数据共享，提出要对现有各部门的信息系统进行升级改造；夯实数据基础、按数据清单进行汇交；扩大数据共享的范围、建立数据共享服务体系，创新数据共享服务方式，并完善数据共享机制。数据共享的工作重点是实现跨部门、跨系统、跨区域的数据共享，并开始从政府部门拓展到社会组织、企业等更广的范围，并着重探索政企数据共享合作机制。如国家旅游局为推动智慧旅游，在政策中规定政府部门与旅游企业、航空公司等共享旅游数据①。国务院 2015 年发布《纲要》，致力于全国范围内的数据共享，相关政策的制定迈入新阶段。政策确立了共享原则、共享要

---

① 国家旅游局：《关于促进智慧旅游发展的指导意见》，http：//www. gov. cn/xinwen/2015 - 01/12/content_2803297. html，2018 年 12 月 10 日。

求、共享信息的提供和使用以及监督和保障[1]，技术体系建设[2]、信息系统整合[3]。国家各部门在政策中均致力于推动部门内部的数据共享的同时，推进政府部门间的数据共享服务。人力资源和社会保障部、农业农村部、国土资源部等部门在政策中均明确了数据共享的实施进度。

（三）数据开放。本阶段发布数据开放相关的政策有 53 份，其中国务院的政策 15 份。《纲要》发布后，数据开放成为中央政府的要求。国家在《十三五规划纲要》《国家战略新兴产业发展规划》《国家信息化发展战略纲要》等政策中要求各政府部门开放各自数据。政策内容包括统筹大数据基础设施，建设国家统一数据开放平台；建立数据开放目录清单；优先开放数据的类型等。一些部门除了在政策中积极响应国务院政策外，还在本部门内提出了数据开放的具体要求。如教育部数据开放的类型有三种，即主动公开、依申请公开和不予公开。农业部、国土资源部在政策中均明确了数据开放的实施进度[4]。

（四）数据分析与应用。32 份政策是关于数据应用，其中国务院的政策 9 份。国务院的信息产业政策、"十三五"规划纲要等均在着力发展国家大数据产业，发挥政府大数据预警和社会服务作用。国务院在推动医疗数据应用的政策上，要求首先夯实数据应用的基础，即建设统一的医疗信息平台并实施数据开放共享，在此基础上推动健康医疗各领域数据的应用。司法部、民政部和农业农村部等部门的政策中均强调了数据应用，农业农村部在政策中特别指明数据应用的重点领域。

（五）数据管理。本阶段的数据管理政策内容包含数据采集与汇交、数据整理、保管或存储、数据共享与使用、数据公开平台、信息资源目

---

① 国务院：《政务信息资源共享管理暂行办法》，http：//www. gov. cn/zhengce/content/2016 – 09/19/content_5109486. htm，2018 年 12 月 10 日。

② 国务院：《关于印发"互联网＋政务服务"技术体系建设指南的通知》，http：//www. gov. cn/zhengce/content/2017 – 01/12/content_5159174. htm，2018 年 12 月 10 日。

③ 国务院：《关于印发政务信息系统整合共享实施方案的通知》，http：//www. gov. cn/zhengce/content/2017 – 05/18/content_5194971. htm，2018 年 12 月 10 日。

④ 农业部：《关于推进农业农村大数据发展的实施意见》，http：//jiuban. moa. gov. cn/zwllm/tzgg/tz/201512/t20151231_4972005. htm，2015 年 12 月 31 日。

录以及监督管理等。

（六）数据安全。政策旨在实施开放数据的同时确保个人信息、商业秘密和国家秘密的安全。内容包括明确数据安全责任，实施数据生命周期的安全管理。

（七）实施机制。国家在政策实施方面强调统筹规划、政策标准支持、国际合作等工作。环境保护部、国土资源部和交通运输部等部门从组织机构、管理制度、标准规范、经费支持、人才支撑、数据安全保障和监督考评等方面确保相关政策的实施。并且农业农村部、国土资源部在数据开放共享相关政策中均明确了具体的实施进度。而国务院也在政务数据共享开放平台等事项中明确了具体的实施进度，以及组织领导、标准规范和考核制度。

在快速发展阶段，我国政府数据开放共享政策的特点表现在：一是越来越多的政府机构参与到政策制定中；二是国务院在本阶段的政策制定过程中起着积极的引导作用；三是政府部门之间在制定政策方面的合作加强；四是数据共享由各部门系统内部发展为跨地区、跨部门、跨层级的数据共享，并且正向政企合作共享拓展，数据共享机制成为政策发展的重点；五是数据应用在大数据时代的重要性在政策中较为突出；六是无论是国务院还是各部门的政策均强调了实施机制，并且有具体的实施进度规划。

第二节　我国政府数据开放共享基本情况

一　我国政府数据开放共享政策需求迫切

随着全球政府数据开放运动的不断发展，一些国际组织开发了开放数据评估工具，对各国（地区）开放数据情况进行评估。如开放知识基金会（Open Knowledge Internaitonal）的《全球开放数据指数》，世界经济合作组织（Organization for Economic Cooperation and Development，OECD）的《开放政府数据指数》（*Open – Useful – Reusable Government Data*，*OURdata Index*）以及万维网基金会（World Wide Web Foundation）的《开放

数据晴雨表：全球报告》等，这些评估工具对世界很多国家（地区）的
开放数据从多维度进行评估。有的评估采取的标准是政策设计、实施、
挑战和影响；有的是对开发的开放数据准备度进行评估；有的是对个人
隐私、获取信息的权利、数据安全、数据归档、数据的所有权和许可等
内容的评估。但除《开放数据晴雨表：全球报告》以外，其他评估均未
对全球不同国家的开放数据的准备度进行排名。《开放数据晴雨表：全球
报告》对开放数据准备度的评估指标包括政府政策、政府行动、公民与
民权以及企业家与企业。2013—2017 年，《开放数据晴雨表：全球报告》
对各国开放数据准备度进行了评估，笔者将排名前 10 的国家与中国评估
结果进行对比得到表 2—5。从表中可以清楚地反映在 2015—2017 年，虽
然我国政策准备度数值在提高，从 2015 年的 36 上升到 2017 年的 56，但
与表中排名前 10 的国家进行比较，分值却相对较低。如 2015 年，英国准
备度分值是我国的 2.8 倍，2016 年为 2.6 倍，2018 年虽然差距有所缩小，
为 1.39 倍，还是从一定程度上反映出我国在政府数据开放政策方面的准
备仍然比较薄弱。

表 2—5　　　　　中国政府数据开放政策准备度在全球所处的水平

国家 年度	英国	韩国	美国	新西兰	法国	加拿大	日本	德国	墨西哥	澳大 利亚	中国
2015	100	97	94	93	90	88	71	62	72	82	36
2016	100	96	93	93	95	92	77	57	83	81	39
2017	78	78	74	73	79	78	69	61	76	75	56

（本表系笔者根据 https：//open data barometer. org/网站数据整理而成，表中数据调查截止
时间：2020 年 6 月 10 日）

　　我国数据开放共享于 2007 年起步，2016 年正式上升为国家战略。从
国家战略角度，相关政策文本中对政府数据开放提出的政策需求主要分
为 5 大类，即数据生命周期管理、数据质量管理、数据安全与隐私、数
据基础设施建设以及数据开放组织实施。初步来看，数据生命周期管理、
数据安全与隐私、数据基础设施建设以及数据开放组织实施四个方面的

政策需求较大①。

从利益相关者角度，政府内外与数据开放共享的利益相关者也同样存在较强的政策需求。在政府内，国家政府数据开放政策的利益相关者包括中央、地方政府的政策制定者及实施机构。地方政府要求在国家大数据战略的框架下制定各自的开放数据政策，同时其自身的政策又为国家政府数据开放政策的制定奠定基础。各地方政府在开放数据实施中遇到依靠自身力量无法解决的困难时，也需要国家提供相应的政策支持；在政府外，政策需求者主要是政府数据开放的用户。一是科研人员。由于政府发布的数据相较于其他数据来说更具有权威和严谨性，因此社会科研人员选择利用政府发布的数据进行科学研究。二是数据开发商。数据开发商可以在政府开放的原始数据基础上开发新的数据产品，如数据应用 App 以促进数据价值发挥和增值。三是公民。公民是政府开放数据最大的用户，普通公民可以通过应用程序、可视化或图片等消费数据，满足自身的数据需求。而一些编程爱好者可以参与到开放数据运动中，可以推动开放数据的创新应用。四是非政府组织可以为开放数据提供专业知识。由公共基金及慈善机构资助的非政府组织，如开放知识基金会2013 年开展的全球各国开放数据普查活动，2014 年开放知识基金会中国组织对全国城市的政府数据公开性和开放性进行普查的活动，帮助公民寻找身边可用的政府持有的数据，为政府数据开放共享创造有利的环境。一些智库如大学、科研机构等，长期从事电子政务、信息资源管理、公共行政管理相关的研究，可为政府数据开放提供新的见解和思路。但就我国现阶段而言，非政府组织在政府数据开放运动中发挥的作用不够明显。

二　我国政府数据开放共享水平有较大提升

（一）宏观层面数据开放准备度不断提高

数据开放共享不仅是政府转型的内在需求及强力驱动，也是推进国家治理体系与治理能力现代化的必由之路。近年来，各国纷纷将数据开

① 温芳芳：《我国政府数据开放的政策体系构建研究》，博士学位论文，武汉大学，2019 年，第 51—52 页。

放纳入国家发展战略，旨在推动公共领域利用大数据分析制定更好的公共政策，推动政府从"权威治理"向"数据治理"转变。国家在《促进大数据发展行动纲要》中提出要把数据开放共享作为战略部署的重要任务，不断提高数据开放准备度，顺应未来发展大势。笔者以《开放数据晴雨表：全球报告》中对 2013—2017 年各国数据开放准备成绩评估结果为数据来源，整理出表 2—6。从表中可看出，我国数据开放准备度从总体上保持稳定。2013—2017 年分值分别是：42 分、52 分、45分、46 分、47 分。

表 2—6　　　　　**中国政府数据开放准备度在全球所处的水平**　　　　单位：分

年份	英国	韩国	美国	新西兰	法国	加拿大	日本	德国	墨西哥	中国
2013	100	77	95	82	79	79	77	76	79	42
2014	98	79	96	81	90	90	81	67	83	52
2015	100	95	97	87	97	89	77	77	69	45
2016	99	95	96	92	100	96	84	85	67	46
2017	83	82	79	79	84	86	78	75	49	47

（本表系作者根据 https：//open data barometer. org/网站数据整理而成，表中数据调查截止时间：2020 年 6 月）

从宏观层面来看，2014 年 3 月，"大数据"第一次被载入国务院政府工作报告[1]；2015 年，国务院发布《促进大数据发展行动纲要》，将"稳步推进公共资源开放、形成国家政府数据统一开放平台"写入主要任务[2]；2016 年，《"十三五"国家信息化规划》中提到"强化数据资源管理，推进数据开放"[3]；2017 年 2 月，中央通过《关于推进公共信息资源开放的若干意见》，指出"着力推进重点领域公共信息资源开放，释放经

---

① 大数据交易所：《"大数据"连续六年进入国务院政府工作报告》，https：//www. secrss. com/articles/8810，2019 年 3 月 5 日。

② 中国政府网：《国务院关于印发大数据发展行动纲要的通知》，http：//www. cac. gov. cn/2015 – 09/05/c_1116464398. htm，2015 年 9 月 5 日。

③ 国务院：《国务院关于印发"十三五"国家信息规划的通知》，http：//www. gov. cn/zhengce/content/2016 – 12/27/content_5153411. htm，2016 年 12 月 27 日。

济价值和社会效应"①；2017 年年底，习近平总书记在中共中央政治局第二次集中学习时强调要"推进数据资源整合和开放共享"②。政府数据开放工作得到国家各机关和领导高度重视。目前，中国数据的现状是"超过 80% 的数据在政府手中，政府应共享"③，为打破这种"数据垄断"现象，几年来，政府数据开放工作不断落地生根、开花结果，数据开放水平也不断提高。2015 年至 2018 年，中央政府关于数据开放共享的相关政策逐年增多，从一个维度促使政策准备度不断提高。笔者在第一节基础上甄选出与政策准备度密切相关的宏观政策如下。

　　2015 年发布相关政策共 6 项，分别为：《关于促进云计算创新发展培育信息产业新业态的意见》（发布单位：国务院，发布时间：2015 - 1 - 30）；《国务院关于信息化建设及推动信息化和工业化深度融合发展工作情况的报告》（发布单位：国务院，发布时间：2015 - 6 - 29）；《关于运用大数据加强对市场主体服务和监管的若干意见》（发布单位：国务院办公厅，发布时间：2015 - 7 - 1）；《关于积极推进"互联网 +"行动的指导意见》（发布单位：国务院，发布时间：2015 - 7 - 4）；《关于印发促进大数据发展行动纲要的通知》（发布单位：国务院，发布时间：2015 - 9 - 5）；《关于印发国家标准化体系建设发展规划（2016 — 2020 年）的通知》（发布单位：国务院办公厅，发布时间：2015 - 12 - 17）。

　　2016 年发布相关政策共 7 项，分别为：《关于组织实施促进大数据发展重大工程的通知》（发布单位：国家发展和改革委员会，发布时间：2016 - 1 - 7）；《关于印发"十三五"国家科技创新规划的通知》（发布单位：国务院，发布时间：2016 - 7 - 28）；《关于印发政务信息资源共享管理暂行办法的通知》（发布单位：国务院，发布时间：2016 - 9 - 19）；《关于加快推进"互联网 + 政务服务"工作的指导意见》（发布单位：国

　　① 新华社：《习近平主持召开中央全面深化改革领导小组第三十二次会议》，http：//www. xinhuanet. com/politics/2017 - 02/06/c_1120420090. htm，2017 年 2 月 6 日。

　　② 韩昊辰：《习近平主持中共中央政治局第二次集体学习》，http：//www. gov. cn/xinwen/2017 - 12/09/content_5245520. htm，2017 年 12 月 9 日。

　　③ 杨青山：《政务数据不再藏"闺中" 贵州开放共享姿态拍打大数据浪潮》，http：//news. youth. cn/jsxw/201805/t20180526_11629470. htm，2018 年 5 月 26 日。

务院，发布时间：2016 - 9 - 29）；《关于印发"十三五"国家战略性新兴产业发展规划的通知》（发布单位：国务院，发布时间：2016 - 12 - 19）；《关于印发"互联网 + 政务服务"技术体系建设指南的通知》（发布单位：国务院办公厅，发布时间：2016 - 12 - 20）；《关于印发"十三五"国家信息化规划的通知》（发布单位：国务院，发布时间：2016 - 12 - 27）。

2017 年发布相关政策共 3 项，分别为：《关于印发政务信息系统整合共享实施方案的通知》（发布单位：国务院办公厅，发布时间：2017 - 5 - 18）；《关于印发政府网站发展指引的通知》（发布单位：国务院办公厅，发布时间：2017 - 6 - 8）；《关于印发新一代人工智能发展规划的通知》（发布单位：国务院，发布时间：2017 - 7 - 20）。

2018 年发布相关政策共 5 项，分别为：《关于印发 2018 年政务公开工作要点的通知》（发布单位：国务院办公厅，发布时间：2018 - 4 - 24）；《关于印发进一步深化"互联网 + 政务服务"推进政务服务"一网、一门、一次"改革实施方案的通知》（发布单位：国务院办公厅，发布时间：2018 - 6 - 10）；《关于加快推进全国一体化在线政务服务平台建设的指导意见》（发布单位：国务院，发布时间：2018 - 7 - 25）；《关于印发全国深化"放管服"改革转变政府职能电视电话会议重点任务分工方案的通知》（发布单位：国务院，发布时间：2018 - 8 - 5）；《关于推动创新创业高质量发展打造"双创"升级版的意见》（发布单位：国务院，发布时间：2018 - 9 - 18）。

数据开放与数据共享是中央政府政策的核心内容。在上面 21 份文本中，涉及数据开放共享的政策主要针对基础数据共享、共享责任、共享机制以及跨部门数据实施要求。

（二）中观层面数据开放共享相关政策支持和微观层面数据开放共享相关政策实践体系不断完善

近年来，各地方政府积极响应中央层面下发的有关数据共享开放的文件如《政务信息资源共享管理暂行办法》《〈关于全面推进政务公开工作的意见〉的通知》等所提出的要求，以不同形式为开展政府数据共享开放做准备。各地方政府对于当地政府数据开放提出的相关规章政策不断增多，逐步向完善的政策法规体系靠近。但准备情况各有差异，全国呈现出"先动带动后动，积极看齐，主动跟进"的准备趋势。其中，以青岛市、威海市、哈尔滨市、贵阳市为典型代表的地方政府在开展"准备度"工作中已取得一定成果，为当地数据共享开放实施提供有力的地位保障和开展指南。2015 年，青岛市发布《关于加快推进公共信息资源向社会开放的通知》；2016 年，威海市发布《威海市人民政府办公室关于推进政府数据资源向社会开放利用工作的实施意见》；2017 年，哈尔滨市发布《哈尔滨市推进政府数据向社会开放工作实施方案》……全国首部为当地政府数据开放共享提供有力的法律保障的地方性法规——《贵阳市政府数据共享开放条例》于 2017 年正式通过。

值得关注的是：虽然地方层面上，大多数政府普遍将政府数据开放相关内容嵌套于当地"政务信息公开""大数据发展规划"等文件中，且对数据开放的内容描述和要求颇少，没有形成具有针对性的正规政策（本书第三章：地方政府数据开放共享政策典型案例研究将有详细介绍），但也有一些地方政府制定了专门针对数据开放或政务数据资源共享的相关方案，如表 2—7"2017—2019 年部分省、市政府数据开放共享政策文本"（截止检索时间：2020 年 2 月）。副省级以上政府层面，2017 年 3 月，《哈尔滨市人民政府办公厅关于印发〈哈尔滨市推进政府数据向社会开放工作实施方案〉的通知》；2019 年 5 月，贵州省起草发布《贵州省政府数据共享开放条例（草案）》，并向社会广泛征求意见；2019 年 9 月，上海市正式发布《上海市公共数据开放暂行办法》；地市级政府层面，2018 年 1 月，扬州市《市政府办公室关于印发〈扬州市大数据资源整合共享开放工作实施方案〉的通知》；2019 年 1 月，《黔南州人民政府办公室关于印发〈黔南州政府数据共享开放管理办法（试行）〉的通知》。值得注意的是，2019 年 11 月，《福州市公共数据开放管理暂行办法》正式印发实施，成为我国首个地级市政府出台的公共数据开放管理类的专项管理办法。

表 2—7　　2017—2019 年部分省、市政府数据开放共享政策文本

发布时间	发布地区	相关政策
2017 年 3 月 10 日	哈尔滨市	哈尔滨市人民政府办公厅关于印发《哈尔滨市推进政府数据向社会开放工作实施方案》的通知
2017 年 4 月 11 日	贵阳市	《贵阳市政府数据共享开放条例》
2018 年 1 月 8 日	扬州市	市政府办公室关于印发《扬州市大数据资源整合共享开放工作实施方案》的通知
2018 年 1 月 25 日	巢湖市	关于印发《巢湖市政务数据资源共享开放管理暂行办法》的通知
2018 年 10 月 22 日	宣城市	宣城市人民政府办公室关于《宣城市公共信息资源开放工作实施意见》
2019 年 1 月 13 日	黔南州	黔南州人民政府办公室关于印发《黔南州政府数据共享开放管理办法（试行）》的通知
2019 年 5 月 5 日	江门市	关于《江门市政务数据资源共享和开放管理暂行办法》的公示
2019 年 5 月 11 日	贵州省	关于公开征求《贵州省政府数据共享开放条例（草案）》（征求意见稿）意见的通知
2019 年 8 月 6 日	沈阳市	《沈阳市政务数据资源共享开放条例(草案)》专家听证会
2019 年 9 月 10 日	上海市	《上海市公共数据开放暂行办法》
2019 年 11 月 15 日	福州市	《福州市公共数据开放管理暂行办法》

（本表系作者根据网站数据整理而成，表中数据调查截止时间：2019 年 12 月）

（三）开放平台由零散到集中，呈现爆发式增长

2019 年第四期《中国地方政府数据开放报告》对"平台"的解释是："平台是连接数据供给侧和利用端的通道、开放和获取数据的载体、传播资讯动态的渠道、展示利用成果的平台。[①]"如图 2—1 所示：2012 年上半年，上海市成立全国第一家公共数据开放共享平台。此后，北京和湛江也陆续上线当地政务数据开放平台。2013 年全年无新增数据开放平

---

① 复旦 DMG：《〈2019 中国地方政府数据开放报告〉全文发布》，https：// www.sohu.com/a/317335379_468714，2019 年 5 月 29 日。

台。2014 年，仅无锡上线当地平台，当年全国共计平台 4 个（无锡、湛江、北京、上海）。此后，全国各地政府陆续上线自家政府数据开放共享平台，但平台新增幅度不大，整体看来依旧是零散状态。2015 年，全国第一届大数据博览会在贵阳召开，截至当年，全国各地地市级及以上地方政府数据开放上线平台共 10 个，包括：上海、北京、湛江、无锡、武汉、东莞、肇庆、青岛、浙江、扬州，较 2014 年新增 6 个。2016 年，新增荆门、梅州、贵州、广东、广州、长沙、深圳、哈尔滨 8 个平台，截至 2016 年，我国地方政府数据开放共享平台共计 18 个。

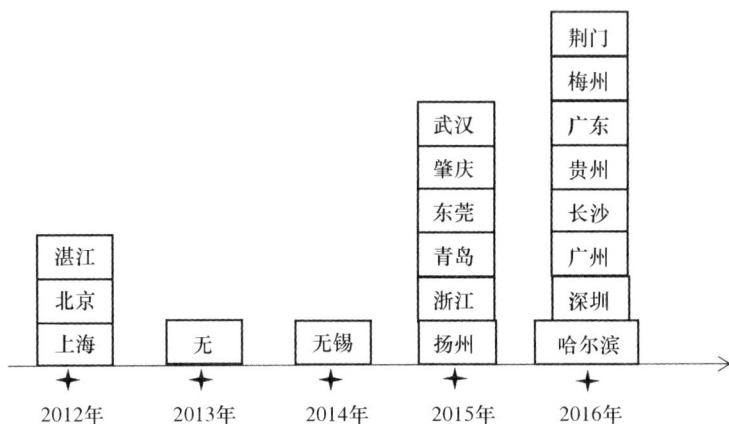

图 2—1　2012—2016 年全国数据开放平台上线

（本图系作者根据网站数据整理而成，表中数据调查截止时间：2020 年 6 月 ）

　　数据开放平台的正式上线，意味着全国各地方政府数据开放工作已逐渐开始落实到行动执行层面，从政府数据开放政策制定到政策执行，这不失为一场激烈的数据森林开放大赛，更可将其比喻为一场让中国数据更高更强、更好发挥其价值的全国号召。

　　从 2016 年前开放政策和开放平台上线的数据来看，这场"比赛"和"号召"状态不太佳，上升空间还很大。2017 年 5 月 27 日，第一期《中国地方政府数据开放平台报告》发布，各地数据开放工作取得了进一步进展。如图 2—2 所示，2017 年全国共 26 个地区上线了地方政府数据开放平台，较 2016 年新增贵阳、佛山、宁夏、阳江、江门、马鞍山、苏州、宁波 8 个地区。2018 年，全国共开放 56 个数据开放平台，新增数量是 2017 年新增数量的 2 倍多，新增济南、山东、日照、江西、烟台、潍坊、济宁、泰安、菏泽等 20 个地区①。已上线平台在中国地图上的分布已出现片状或连带状。2019 年上半年仅半年时间，全国政府数据开放平台新增幅度则达到爆炸式的上升趋势，新增上线平台数量达到 36 个，包括福建、天津、铜仁、遵义、河南、成都、厦门、珠海、陕西、海南、南通等地区。2019 下半年，新增江苏、四川、新疆、福州、抚州、广元、黄冈、六盘水、泸州、绵阳、南宁、内江、黔东南、黔南、三亚、遂宁、宿迁、徐州、永州、中卫 20 个地区。如图 2—2 所示，截至 2019 年年底，全国地方政府数据开放平台数量达到 102 个②。至此，各地方政府数据共享开放上线的平台在中国地图部分地区已经形成大片的绿洲、树林、森林状态。

值得注意的是，据《中国地方政府数据开放报告》显示，2018 年以来，佛山市南海区上线首个区县级政府数据开放平台，成为全国区县级政府数据开放的先锋。截至 2020 年 2 月，贵阳市南明区、开阳县、佛山市禅城区、济南市长清区、仁怀市等区县级政府共享开放了当地政府数据，或是设有专门的数据共享平台，或是以"政府数据""数据开放"等栏目形式占据当地政府官网某一板块向社会开放共享数据。

中国各级政府在落实公共数据共享的准备和保障工作中实现了从无到有、从有到多的变化。数据开放平台从 1 个到 10 个、26 个，再到 102 个（截至 2019 年年底）。从图 2—3 可看出，从 2013 年开始，其开放数量增长率（当年增长数量/截至当年总开放量）一直保持较强增长态势，在 2014 年到达峰值，增长率为 60%，2015 年以后保持在 30%—40% 左右的增长状态。2015 年以后保持在 30%—45% 左右的增长状态。

---

① 复旦大学：《中国地方政府数据开放报告》，https://www.sohu.com/a/233466047_204078，2018 年 5 月 30 日。

② 复旦大学：《中国地方政府数据开放报告》，https://www.sohu.com/a/316823552_657456，2019 年 5 月 27 日。

	成都	潮州		
天津	厦门	揭阳	四川	福建
阜阳	珠海	云浮	新疆	江苏
银川	陕西	汕头	福州	黔南
南京	常德	南通	抚州	三亚
铜仁	黄山	湖州	广元	遂宁
常州	河南	淮安	黄岗	宿迁
雅安	韶关	泰州	泸州	中卫
遵义	六安	蚌埠	绵阳	徐州
河南	源源	宣城	南宁	永州
茂名	汕尾	清远	内江	黔东南
连云港	石嘴山	佳木斯	六盘水	

2019 年

济南	德州
山东	聊城
临沂	枣庄
日照	东营
乌海	烟台
淄博	潍坊
中山	济宁
江西	泰安
惠州	威海
滨州	菏泽

2018 年

贵阳
宁波
佛山
宁夏
阳江
江门
马鞍山
苏州

2017 年

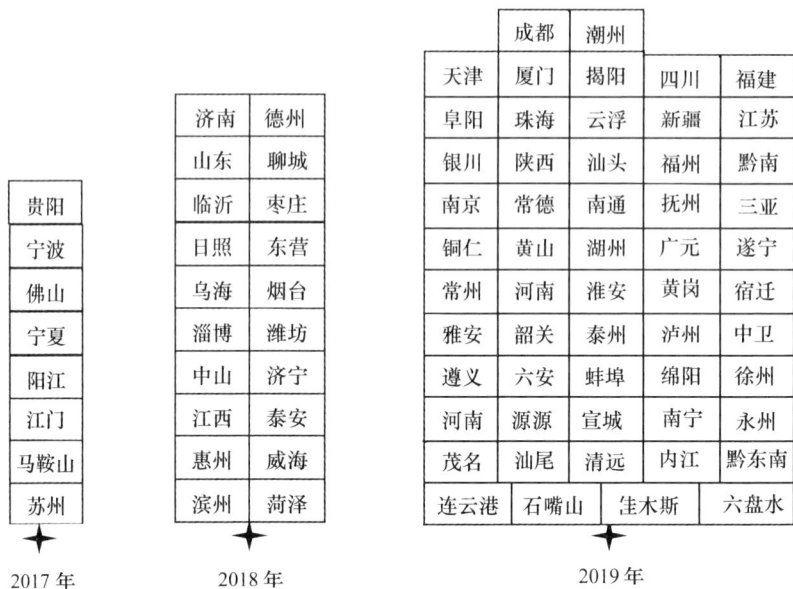

图 2—2　2017—2019 年政府数据开放平台上线

（本图系笔者根据网站数据整理而成，表中数据调查截止时间：2020 年 6 月）

我国现行省级行政单位共 34 个，副省级行政单位（副省级市）15 个，地级行政单位（地级市）293 个。通过图 2—1 和图 2—2 数据可看出，截至 2019 年，我国已有 102 个符合政府数据开放基本特征的地级及以上平台陆续上线。已开放山东省等省级政府数据开放平台 16 个，约占全国同级别政府数量的 47.06%；已开放广州市等副省级政府数据开放平台 7 个，约占全国同级别政府数量的 46.67%；已开放贵阳市等地级政府数据开放平台 79 个，约占全国同级别政府数量的 26.96%。数据显示，虽然经过 8 年时间努力，我国数据开放平台获得较大发展，但是各级政府数据开放工作进度仍有很大上升空间。仅数量而言，已上线副省级以上政府数据开放平台仅占同级别政府数量半数左右，还有一半亟须开放；已上线政府数据开放平台的地市级城市仅占同级别城市数量的 1/5 左右，不同层级的政府在平台建设上需要投入更多人力、物力和财力。从整体上看，我国地方政府数据开放平台呈现从东南沿海地区向内陆地区不断

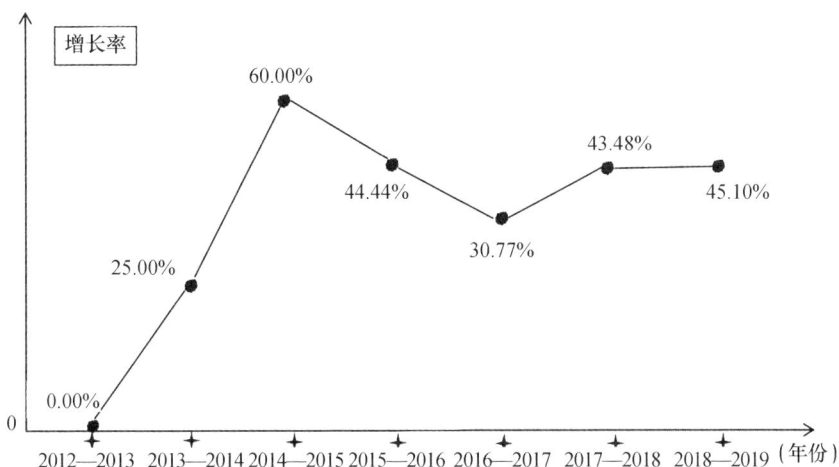

图 2—3　地方政府数据开放平台增长率（2012—2019 年）

（本图系作者根据网站数据整理而成，表中数据调查截止时间：2020 年 6 月）

拓展发散的趋势，东南沿海地区的省级平台发展势头较好，各地方政府数据开放平台呈"百花齐放，百家争鸣"状态。另外，各地政府数据开放平台还呈现出"群落式"与"绿洲式"两种分布特征。其中，"群落式"特征以山东省、广东省和长三角地区最为典型。在这些区域中，地方平台竞相开放数据，相较之下，内陆地区政府数据开放平台发展较为落后。总的来说，近些年参与数据开放的地方政府部门越来越多，对开放数据的要求和种类选择也愈加严格，对政府数据开放政策文本的要求更加精细化。

三　地方政府数据开放共享形势依然严峻

经过多年共同努力，中国各地方政府数据开放水平不断提高，许多地方政府主动开放数据，共享数据，消除了早年的"信息孤岛""数据垄断"等现象，使更多公共资源得以共享、为民所用，发挥其社会价值。但值得关注的是，国家层面对政府数据开放的"推动力"不足、地方政府部门之间存在信息不对称以及部门利益化等问题，导致政府数据的价值未得到有效挖掘和利用。另外，还存在地方政府尚未作好数据开放政策准备等现象。如，政策保障落实不到位、数据涵盖面未能满足社会需求、已开放数据质量不够高、数据真实性有待提高、已开放数据平台不够畅通等诸如此类以及更多问题有待思量和解决，这些问题应得到政府、学者、社会的共同考虑和关注，以便形成政府数据开放共享工作共同体，进而构建科学的政府数据开放政策体系、平台体系、社会利用体系。目前，全国地方政府数据开放现状不容乐观，形势依然严峻。具体表现为：

（一）缺乏统一的数据开放共享规范和标准，政府开放数据的动力不足

俗话说，"凡事预则立、不预则废"。遇事先有充分准备，才能够驾轻就熟。现今许多政府数据开放共享工作存在诸多问题，其中不能忽略的一项重要原因是许多政府在实施数据开放之前，并未发布专门的、正规的、具有保障性的具体执行文件和实施指标，导致相关部门在工作落实过程中失去强制力和约束力，数据开放无标准可言，各地开放现状可谓"千姿百态"、参差不齐。

首先，当前大多数据开放平台主管部门以及数据提供部门都认为缺乏一个统一的标准或规定。哪些数据可以开放？哪些数据不能开放？采用怎样的流程开放？从上到下没有明确的政策文件，目前国家也尚无必须开放的目录。

其次，数据能否开放并未形成机制。不知道到底需要开放哪些数据，以及哪些部门决定哪些数据需要开放，使得地方政府很多时候无所适从，难以定夺。是由源头部门说了算，还是市政府、省政府决定？尽管个别地方政府数据开放由数据提供部门与开放数据平台主管部门协商推进，但总体上，国家数据开放的机制并不清晰，政府数据开放与政府信息公开的边界不明确。笔者在对一些政府数据开放调研过程中发现，很多部门将信息公开的内容放到数据开放平台。但信息公开内容大部分是一些非结构化数据，对于数据开放来说意义并不大，因为数据开放的意义是为了让用户可以二次开发来直接利用数据。很多政府对数据开放的尺度难以把控。一方面，部门在推动数据开放时尽可能多地开放数据。现在开放的大部分都是和各部门业务相关比较紧密的，又不涉及隐私的数据；另一方面，政府部门内部坚持安全第一的数据开放理念，使得在数据开放过程中，稍微有点疑虑的都不会轻易开放。从而使地方政府在实际工作中难以把握开放的尺度。许多地区机构部门因为缺少相关数据开放法律政策的引导，对于数据是否涉及商业机密或影响个人隐私没有明确概念，故依旧秉持机密或不宜公开等原则进行处理，不主动公开数据。因此，许多部门即使掌握了大量有用数据信息，也无法向社会展示而影响数据价值的发挥。①

最后，政府开放数据的动力不足。与数据共享的互惠互利不同，数据开放相对来说是政府单向行为，难以掌握数据利用的实际情况。政府数据并非像电子商务数据一样，通过数据挖掘可以发现巨大的商业价值。政府开放数据的价值很多时候难以用数值衡量，数据能否会带来价值，以及创造多少价值都无法判断和直观感受，从而使一些部门认为已开放数据实用性并不高，或者投入了大量资源，结果却对地方政府的意义不大。实际上，从数据使用的用户端来说，一些数据开发商和利用开放数据参与竞赛的开发者也认为，开放出去的数据大多是无用的。在所调研的地方政府中，用户参与主要体现在参与政府组织的开放数据竞赛，而公众在开放数据平台上进行申请或反馈都极其有限。对数据平台主管部门来说，即使向数据平台提出申请或反馈，平台也不一定能满足用户的需求并及时作出回应。我国没有数据开放立法，造成了政民互动中的障碍。另外，数据免费开放可能会损害个别部门的利益，个别部门将所拥有的数据当作本部门谋利的资产，甚至是部门创收的重要来源。如果要求其开放数据，则会直接影响其经济利益，导致这些部门在数据开放时仅仅开放利用价值极其有限的数据。

国家层面也并未发布单独针对政府数据开放的标准和规范单行法律。从全国来看，浙江省、贵州省、福建省等省级政府；贵阳市、福州市、南昌市等市级政府发布了关于公共数据共享的政策法规、暂行文件、开

---

① 兰霖：《我国政府数据开放：现状、问题及完善策略研究》，硕士学位论文，西北大学，2018 年，第 22 页。

放标准或管理方法，将政府数据作为公共资源共享的重要环节，并明确表示其开放的必要性、合规性[1]。其他地区，尤其是已开放的大多数地级市或区县级地区在这方面的准备几乎为空白。也存在许多政府已经发布了关于数据开放文件，但多数都是将数据共享开放的相关内容嵌套于政务信息资源、大数据建设等专题的通知公告中，公告内容比较简洁笼统，不形成正规的政策性文件[2]。单独针对"政府数据开放共享"的政策缺乏准备，略显贫乏。

（二）已开放平台不够畅通

平台搭建的目的是在用户群体和数据间建立起连接桥梁，但若是构建桥梁上存在诸多障碍，阻隔了数据的正常传输共享，便无法发挥其本身存在的作用。笔者通过调研发现政府数据开放平台存在以下问题。

第一，一些地方政府数据开放网有"运行状态不佳"现象。如佛山市禅城区数据开放网首页面处于空白状态，其他页面许多也是图片格式问题等导致页面无法显示，且这种数据格式与平台系统不匹配、不兼容形成的数据无法正常呈现的状态持续时间也较长，说明当地对平台的维护和更新工作存在滞缓或欠缺情况，而该案例也只是全国众多已开放平台所存在问题的一个缩影。

第二，从用户的角度来说，获取数据的程序较烦琐，获取速度慢。北京、贵阳等政府开放平台中设置了高级检索框，可以相对精准地解决这一问题，但大多数目前已经开放的平台上仅仅只有普通的检索方式。以本次进行实证分析的 11 个重点地区：哈尔滨、青岛、广州、济南、贵阳、遵义、安顺、毕节、铜仁、六盘水、凯里为例，发现仅有贵阳市政府数据开放平台设有数据高级检索框，其他地区均无。此外，用户采用申请的方式获取数据时会面临两种情况：一是少数数据属隐私数据，无法进行开放；二是可以根据用户的需求进行数据提供，但需要一定的时

---

① 周文泓、夏俊英：《我国政府开放数据资源建设进展、问题与对策研究》，《情报理论与实践》2019 年第 3 期。

② 谭必勇、刘芮：《我国地方政府开放数据政策研究——以 15 个副省级城市为例》，《情报理论与实践》2018 年第 11 期。

限。第二种情况可以获取数据，但程序也比较烦琐。同时，双方要进行博弈，或者根据用户的需求，政府内部要上报或者在内部开展讨论来决定是否提供数据。在所调研的数据开发公司中，如果数据较为敏感，涉及个人隐私，即使开发商获取数据时签订了保密协议，政府部门也有隐私顾虑，提供数据都保留很大的余地。一些较大型的、知名的信息公司或者有国资背景的企业在与政府长期的业务合作中建立了信任关系，获取数据相对容易。而一些随着大数据发展起来的小型初创企业，政府对其提供数据的积极性则相对较低，不利于大数据产业的发展。目前，很多地方政府数据的获取都是免费的，即使是定点投放的开放方式也坚持了免费开放的原则。政府数据收集处理的经费实际上是纳税人支付，原则上提供数据应该是免费的，但个别部门开放数据存在向公众收费的现象，如中国气象局气象数据官方网站虽然提供的数据量大，但需要签合同购买，而且基础地理信息数据也存在收费过高的问题。

第三，平台起到的沟通交流作用有限。在用户与数据的联系上，平台不仅应当充当桥梁，还应起着一个"交互界面"的作用，方便用户与平台间的沟通和反馈。通过调研发现，除上海市等少数平台有针对这一块的设计外，其他多数平台在这一块均缺乏投入，导致用户在获取数据过程中无法反馈遇到的问题或表达现实需求。另外，虽然一些平台上设计有"反馈"或"需求"，但其反馈效果却并不理想，有的甚至形同虚设。而政府方面也并未就这一现象进行调整或以文件形式等对这一功能进行解读或宣传。

第四，平台开放的数据下载受限。在现有的开放平台中，用户在线浏览和下载数据普遍分为三种情况：无条件直接获取、分内容直接获取或登录获取。目前，存在少数平台上一些数据无法获取，极个别平台数据完全无法获取的现象①。

（三）开放共享数据涵盖面不够广泛

开放共享数据涵盖面的广度意味着它能在多大范围内照拂不同社会

---

① 郑磊、韩笑、朱晓婷：《地方政府数据开放平台研究：功能与体验》，《电子政务》2019 年第 9 期。

群体、多大层面上满足社会各界不同的需求。目前，地方政府数据共享存在的普遍现象是数据量不足及数据涉及面不够宽广。虽然已有许多地方部门积极投入数据开放工作中，但数据宽广面依旧有限，某些已涉及的领域提供数据过于形式化、数据量不够等情况此起彼伏。譬如，武汉市涉及开放部门最多，共101家，涵盖了公共安全、法律服务等多方面内容，却依旧未达到全面覆盖①。北京市涉及开放部门69个，相比武汉市参与开放部门略少，但涉及领域比较全面，开放数据集总量大，包含1554类，共7000多万条。此几个是相对来说开展较好且典型的"示范"城市，其他地区各级政府数据涵盖面、数量、类型等也存在很大问题，无法或很难满足社会各类不同用户群体需求。以本书重点调研的地区中可统计的地区开放部门和开放主题数量为例，参与开放部门数量最多的地区是广州市65个，最少是遵义市29个；开放主题数量最多的是铜仁市32个，最少的是安顺市12个。通过这些数据比较发现，不少地区各类开放数据涵盖面上还存在很大上升空间。

（四）数据质量有待提高

数据本身决定着其具备何种潜在价值，数据内容也代表着利用者能否获得自己想要的东西，从而决定是否选择它，并进一步将其价值升华。2013年，美、英、法等八国集团首脑共同签订的《开放数据宪章》（*G8 Open Data Charter*）对数据开放工作提出五项基本原则，其中一项为"注重开放数据的质量和数量"。而后，美国《OGP第三轮国家行动计划》（2015—2017）也在"开放数据"中强调数据内容的高质量、高价值。世界各国在实行"数据开放"时都注重和强调"数据质量"，中国也不例外。在遵守"质量原则"② 这一要求上，国家层面已围绕数据质量问题出台了《"十三五"国家信息化规划》《国家信息化发展战略纲要》《公共信息资源开放试点工作方案》等一系列方案和政策。但从目前各地方平

---

① 刘甲学：《我国地方政府数据开放平台建设现状及问题分析》，《经济研究导刊》2019年第35期。

② 焦海洋：《中国政府数据开放应遵循的原则探析》，《图书情报工作》2017年第15期。

台上开放的数据来看，存在着数据粗糙、质量较差、可用性低等数据"脏乱差"现象。具体表现在：数据乱码，日期格式不一致，数据陈旧、过时、更新慢，文件格式非机器可读，无法下载等①。虽然中国政府数据开放共享工作兴起时间较短，但"数据"是整个开放工作的核心和灵魂，而"质量"是数据本身的内在要求，必须从一开始就对其加以重视并不断采取优化措施改善之。

---

① 李晓彤、翟军、郑贵福：《我国地方政府开放数据的数据质量评价研究——以北京、广州和哈尔滨为例》，《情报杂志》2018 年第 6 期。

第 三 章

地方政府数据开放共享政策
典型案例研究

2018 年，复旦大学联合提升政府治理能力大数据应用技术国家工程实验室、国家信息中心数字中国研究院发布了《中国地方政府数据开放报告》第 3 期（以下简称《报告》），该《报告》从"准备度""平台层""数据层""利用层"四个维度对全国已开放数据的政府进行调研。其中准备度是"数根"，是数据开放的基础，包括法规与政策、组织与执行、标准规范三个一级指标。本章重点从"准备度"出发，综合考虑地域的多样性、开放数据政策的成熟度差异、开放数据机构和平台的配套建设情况，根据《报告》排名，选取其中排名靠前的广州市、青岛市、济南市、哈尔滨市与贵州省已经有数据开放平台上线的贵阳市、遵义市、安顺市、毕节市、铜仁市、六盘水市、凯里市政府数据开放共享的建设情况进行比对。通过样本数据调研，对这些地方政府数据开放工作的政策准备工作进行分析，分别从"政府数据开放共享政策发展背景""政府数据开放共享基本政策分析""政府数据开放共享专项政策分析"三个方面对其政府数据开放共享政策进行实证分析。在基本政策和专项政策系统中主要结合"政策内容""政策效果"等分析各地方政府开放数据政策体系。

本章将在公共政策理论的指导下，采用陈庆云教授对公共政策系统的定义，即："公共政策系统涵盖了政策主体、政策客体、政策环境①"来对研究样本进行系统分析。而本书认为政策内容作为主体制定和规范的对象，政策工具作为公共政策系统的输出，是公共政策主体、公共政策客体和公共政策环境互动的产物，也纳入政策系统中进行研究。笔者通过对 11 个城市中政府数据开放成绩排名靠前的贵阳市、广州市、青岛市、济南市、哈尔滨市进行"政策环境、政策工具"分析，多视角解读这些城市开放数据政策文本的异同点，探寻规律与特点，找出破解地方政府在数据开放共享上的政策困境和壁垒，找到对数据开放共享有优势引导和促进作用的政策"发动机"，为地方各级政府进一步加快数据开放，改进和完善政府开放数据政策提供参考依据。

　　需要说明的是，本书在对 11 个地区政策"主客体"进行调研比较时发现，凡是已经为当地政府数据开放共享顺利推进做了相关政策准备的各城市，其政策主客体的一大共同点是大都包含各地"市人民政府办公厅""市大数据局""市人民代表大会等"官方政策主体以及本地各"社会媒体"等非官方政策主体。政策客体则都公开面向社会，既包括参与政策制定的各政府部门、媒体等，也包括未参与政策制定的其他社会媒体、组织和个人。体制内和体制外各类群体共同参与政策的制定、执行与效益分享，共同构成政策主客体"共同体"，共同推进当地政府数据开放共享政策体系的建设与完善。

第一节　贵阳市政府数据开放共享政策实证研究

　　贵州省作为国家大数据发展首个综合试验区，在数据方面的工作部署和开展有着独特的资源优势和极大潜力②。省会贵阳是国家大数据综合试验区的核心区，是大数据发展的主阵地。

---

① 陈庆云：《公共政策分析》，北京大学出版社 2011 年版，第 68 页。
② 张宁、屠健：《贵州省政府开放数据政策文本分析及平台调研》，《公共图书馆》2018 年第 4 期。

一　贵阳市政府数据开放共享政策发展的背景

为全面实施大数据战略行动，加快建设国家大数据（贵州）综合试验区，推动政府数据共享开放和开发应用，促进数字经济健康发展，提高政府治理能力和服务水平，激发市场活力，贵阳市在制度创新上先行先试，找准大数据立法突破口，开展地方立法，率先开展政府数据共享、开放探索。

2015—2019 年，中国国际大数据产业博览会连续 5 年在贵阳市举办，搭建全球大数据领域最高端、最前沿、最全面的技术、产品和解决方案的协同创新和展示洽谈平台。作为贵州省省会城市，贵阳市借助大数据发展带来的巨大机遇以及当地原有的环境、能源等优势在政府数据开放共享工作中勇担先锋，开辟出贵州省数据开放共享工作道路的绿色源头。

二　贵阳市政府数据开放共享基本政策分析

通过在贵阳市人民政府官网（http：//www. guiyang. gov. cn/）等官方平台对"政府数据""数据共享""政务资源开放共享"等关键词进行检索，笔者梳理出贵阳市 2015—2019 年与"政府数据开放共享"相关的原始政策文本，在此基础上筛选出 6 份以数据共享为政策对象的战略规划文件，如表 3—1 所示。

表 3—1　　　　　贵阳市政府数据开放共享政策列表

发布时间	发布单位	相关政策
2015 年 7 月 14 日	贵阳市人民政府办公厅	贵阳市人民政府办公厅关于印发《贵阳市政府数据交换共享平台推进工作方案》《贵阳市大数据综合治税推进工作方案》《贵阳市社会综合治税系统升级方案》的通知
2017 年 4 月 10 日	贵阳市人民代表大会	《贵阳市政府数据共享开放条例》
2017 年 5 月 11 日	贵阳市人民政府办公厅	《贵阳市人民政府办公厅关于印发贵阳市政府数据共享开放工作推进指挥部组建方案的通知》

续表

发布时间	发布单位	相关政策
2017 年 5 月 17 日	贵阳市人民政府办公厅	《贵阳市人民政府关于贵阳市加快推进政府数据共享开放的实施意见》
2018 年 1 月 16 日	贵阳市人民政府办公厅	《贵阳市政府数据共享开放实施办法》
2018 年 6 月 27 日	贵阳市人民政府办公厅	《贵阳市政府数据共享开放考核暂行办法》

从表格中可以看出，2015 年 7 月贵阳市政府办公厅出台了《贵阳市政府数据交换共享平台推进工作方案》《贵阳市大数据综合治税推进工作方案》和《贵阳市社会综合治税系统升级方案》的通知，这些均属于贵阳市较早的有关政府数据开放共享政策，时间早于 2016 年省人民政府办公厅发布《贵州省政务数据资源管理暂行办法》。从 2015 年开始，贵阳市政府办公厅、贵阳市人民代表大会等部门持续共同发力，为当地政府数据开放共享工作提供有力的保障，整理出的大部分文件是单独针对政府数据开放而发布的。在此政策体系的指导下，贵阳市下辖各区开展了配套的数据开放共享的准备工作，2017 年 5 月 9 日，花溪人民政府公众信息网发布新闻——"花溪区政府数据共享开放暨政府数据资源目录梳理工作培训会召开"；2018 年 12 月 20 日，《贵阳晚报》发布新闻——"全面助力政府各部门数据共享开放 贵阳'政务云'应用领域在扩大"；2019 年 5 月 26 日，《贵阳晚报》发布新闻——"政府数据开放 贵阳再获殊荣"等新闻，政府及相关媒体都在为创造更完善的数据开放政策体系而共同努力。

（一）政策内容

通过对贵阳市政府数据开放共享的基本政策的进一步解读，发现其内容主要涵盖了数据开放的实施办法、数据的采集、监督管理以及开放考核方式等。

《贵阳市政府数据共享开放条例》①（以下简称《条例》）由贵阳市人

---

① 贵阳市人民代表大会：《贵阳市政府数据共享开放条例》，http://www.guiyang.gov.cn/zwgk/zfxxgks/fdzdgknr/lzyj/gfxwj/szfbmgfxwj/201810/t20181002_16907277.html，2017 年 4 月 10 日。

民代表大会于 2017 年 4 月 10 日发布。《条例》规定贵阳市政府数据开放应遵循"统筹规划、全面推进、统一标准、便捷高效、主动提供、无偿服务、依法管理、安全可控"的原则。要求各行政机关应在职责范围内做好数据的采集、编制、提供、更新及维护，做好数据开放共享工作的宣传教育、引导和推广；县级以上人民政府应将政府数据开放工作纳入当地年度计划；数据共享分为无条件共享和有条件共享两类，并对涉及国家机密等无法向社会开放的数据进行列举说明；社会关注度较高的信用、交通、医疗等领域数据应优先向社会开放；对工作的保障与监督、数据真实性、涉及的法律问题进行了强调。

《贵阳市人民政府办公厅关于印发贵阳市政府数据共享开放工作推进指挥部组建方案的通知》① （以下简称《通知》） 由贵阳市人民政府办公厅于 2017 年 5 月 11 日发布，该《通知》是贵阳市政府数据开放共享政策体系中内容颇为丰富的一个文件，制定了贵阳市开展政府数据开放共享应遵循"共享开放优先""应用需求导向""统一标准规范""保障数据安全"的原则；明确"形成标准统一、分类科学的数据资源目录体系""实现多渠道、多领域的数据集中汇聚""建成全流程、多品种大数据清洗加工产业生态""形成跨部门、跨层级的数据资源共享体系""形成多维度、多模式的政府数据资源开放""培育业态丰富、模式创新的数据增值服务""形成自主可控、主动防御的数据共享开放安全保障"的目标，并对目标下的内容进行清楚解读和详细规定。

《贵阳市政府数据共享开放实施办法》② 由贵阳市人民政府办公厅于 2018 年 1 月 16 日发布，对市大数据行政主管部门在工作开展时应当履行的包括"指导、监督、管理和协调全市政府数据共享开放工作"等 5 项

---

① 　贵阳市人民政府办公厅：《贵阳市人民政府办公厅关于印发贵阳市政府数据共享开放工作推进指挥部组建方案的通知》，http：//www. guiyang. gov. cn/zwgk/zfxxgks/fdzdgknr/lzyj/gfxwj/szfgfxwj/qfbh/201810/t20181002_9598929. html，2017 年 5 月 11 日。

② 　贵阳市人民政府办公厅：《贵阳市政府数据共享开放实施办法》，http：//www. guiyang. gov. cn/zwgk/zfxxgks/fdzdgknr/lzyj/gfxwj/szfgfxwj/szfl/201801/t20180118 _ 8176456. html，2018 年 1 月 16 日。

职责作出相关规定，包括对数据开放平台的管理运行，数据共享类型，数据开放类型，数据开放过程涉及的安全与隐私、监督保障与责任追究等多方内容。

《贵阳市政府数据共享开放考核暂行办法》① 由贵阳市人民政府办公厅于 2018 年 6 月 27 日发布。该项政策首先提出政府数据开放考核工作应遵循"客观公正、公开透明、科学量化、实事求是、奖优惩劣的原则。""主要考核组织管理、基础保障、数据共享和数据开放等内容。"以年度考核的方式，考核结果应向社会公开，并纳入政府目标绩效考核等要求。

（二）政策环境

当前，全国掀起政府数据开放共享的热潮，数据共享开放在全国形成越来越浓厚的氛围，"催促"着政府必须去构建较为完善的政策体系。

第一，经济发展是动力。"大数据""区块链"等作为当前发展热门技术与话题，可以为社会带来巨大的经济价值。贵阳市作为全国首个大数据综合发展试验区，拥有着丰厚的数据发展资源，和其他地区相比，较先拥有大数据发展相关经验。截至 2016 年年底，贵阳市大数据及关联产业规模总量达到 1300 亿元人民币；数据中心服务器 3.5 万台，呼叫中心座席达 15 万席，贵阳大数据交易所交易会员达 500 家，交易金额达 1.2 亿元人民币，微软、谷歌等海内外知名企业落地贵阳。2019 年 7—9 月，贵州省集中开展"大数据与实体经济深度融合"活动。以贵阳市乌当区为例，通过数据共享交换、数据交易平台等活动和途径，2019 年，乌当区"大数据企业主营业务收入预计实现 53.47 亿元，全口径软件和信息技术服务业预计实现营业收入 14.39 亿元"②。因此，进一步扩大数据的挖掘、发展、共享和开放，对于贵阳这样一个"数据库"城市而言是必要且迫在眉睫的。

第二，政治要求是压力。政治要求是一种能转化为动力的压力。国

---

① 贵阳市人民政府办公厅：《贵阳市政府数据共享开放考核暂行办法》，http：//www.guiyang.gov.cn/zwgk/zfxxgk/fdzdgknr/lzyj/gfxwj/szfgfxwj/szfl/201807/t20180717_8176461.html，2018 年 7 月 10 日。

② 汪东伟：《贵阳市乌当区：大数据与实体经济融合成果丰硕》，http：//www.gywb.cn/system/2020/06/04/030511254.shtml，2020 年 6 月 4 日。

家领导人多次在公开场合提出政府数据应当共享和开放。2013 年以来，中央各种关于大数据发展与规划的文件中也屡次提到各地方政府数据开放的重要性和必要性。"中国超 80% 的数据在政府手中，政府应该共享"①。为响应 2016 年李克强总理在中国大数据产业峰会上的讲话精神，贵阳市作为全国首个大数据综合发展试验区，理应首先编制政策、开放数据。

第三，文化资源是优势。贵阳市是一个拥有独特的诸多宝贵文化遗产的城市，包括丰富的旅游文化、红色历史文化、传统美食文化、少数民族工艺文化和浓厚的酿酒文化等。同时，贵州的青山绿水、矿产资源等宝藏为贵阳市政府数据开放共享提供了丰富的素材与来源，很大程度上助力当地政府数据开放政策的编制、数据开放工作的实施。

（三）政策工具的应用

本书主要采用罗斯威尔（Rothwell）和赛格菲尔德（Zegveld）② 对政策工具的分类方法：供给面政策工具（人才培养、科技投入、信息服务、融资支持、基础设施）、需求面政策工具（政府采购、价格补贴、贸易管制、示范工程、对外承包）以及环境面政策工具（税收优惠、技术标准、知识产权、法规管制、目标规划）。供给面政策工具主要体现为政策对政府数据开放的推动力。政府通过对人才、信息、技术、资金等要素的支持与直接供给，保障了政府数据开放基础层面的需求，政府扮演一个"供给者"的角色，致力于推动政府数据开放的进程。具体包括教育培训、科技信息支持、基础设施建设、资金投入和公共服务。环境面政策工具主要体现为政策对政府数据开放的影响，更多的是一种外部影响和渗透作用。政府可以通过目标规划、金融支持、法规管制等措施影响政府开放数据的进程，为政府开放数据提供一种有利的外部环境政策。具体包括目标规划、金融支持、税收优惠、知识产权保护和法规管制。需

①　付若愚：《李克强出席中国大数据产业峰会开幕式并致辞》，http://china. cnr. cn/news/20160526/t20160526_522239006. shtml，2016 年 5 月 26 日。

②　R. Rothwell, W. Zegveld, *An Assessment of Government Innovation Policies*, Review of Policy Research, 1984, 3 (3 - 4)：436 - 444.

求面政策工具主要体现为政策对政府数据开放的拉动力。政府通过外包、管制、公共技术采购等方法，减少工作中的阻碍，加大数据开放的力度。具体包括公共技术采购、消费端补贴、服务外包、贸易管制和海外机构管理。

早在 2000 年时，国内学者苏竣采用这三类政策工具划分方法研究了我国政府激励软件产业发展政策工具的适用性，指出政策工具的不合理应用降低了政策的总体实效①。又在 2007 年时利用政策工具对公共科技政策的分析框架进行了研究，并在其著作中对 Rothwell 的政策工具进行了细致的分析和总结②。学者黄萃在其著作中也大量运用了该方法对风电产业政策、光伏产业政策、少数民族双语教育政策、新能源汽车政策等政策文本进行量化研究③。周京艳等人在《政策工具视角下我国大数据政策的文本量化分析》④ 中讨论了现有政策的合理性，探讨完善政策的路径。刘春华等在《基于政策工具视角下的中国体育政策分析》⑤ 中深入剖析体育政策在政策工具选择、组织、关联中存在的缺失与冲突。白彬、张再生在《基于政策工具视角的以创业拉动就业政策分析》⑥ 中分析了政策的合理性和有效性，并提出优化方法和路径等。

笔者经过调研分析，贵阳市政府数据开放共享政策体系中主要在供给面、需求面和环境面三类政策工具上运用较好。供给面工具主要运用了人才培养、科技投入和信息服务；需求面工具主要运用示范工程；环境面工具主要运用了技术标准、目标规划和法规管制。

人才培养：2017 年 5 月，贵阳市组建政府数据共享开放工作推进指

---

① 苏竣、张雅娴：《技术创新政策工具及其在我国软件产业中的应用》，《科研管理》2001 年第 4 期。

② 苏竣：《公共科技政策导论》，科学出版社 2014 年版，第 1—333 页。

③ 黄萃：《政策文献量化研究》，科学出版社 2016 年版。

④ 周京艳、张惠娜、黄裕荣：《政策工具视角下我国大数据政策的文本量化分析》，《情报探索》2016 年第 12 期。

⑤ 刘春华、李祥飞、张再生：《基于政策工具视角下的中国体育政策分析》，《体育科学》2012 年第 12 期。

⑥ 白彬、张再生：《基于政策工具视角的以创业拉动就业政策分析》，《科学学与科学技术管理》2016 年第 12 期。

挥部，专门负责政府数据开放相关工作。在贵阳市大数据局统筹协调下，市信息产业发展中心每年定期组织行政机关工作人员开展政府数据开放培训和交流，提升数据开放意识和服务水平，并积极与高校、研究所、工程实验室等机构开展合作交流。2018 年，市信息产业发展中心和贵州大学国际教育学院签订了政府数据开放战略合作协议，并于 2019 年成功举办了第一届贵阳开放数据应用创新大赛，吸引高校、企业、科研团队等 100 余支队伍参赛。参赛团队运用贵阳市政府数据开放平台提供的相关领域开放数据，制造和提出智慧化产品（原型）及解决方案。

科技投入和目标规划：2015 年，市政府办公厅首次印发《贵阳市政府数据交换共享平台推进工作方案》，对贵阳市政府数据交换共享平台的搭建工作做详细规划安排，通过技术研发进行平台设计、构建与维护等，2016 年年底，贵阳市政府数据开放平台正式上线运行。

信息服务：在贵阳市政府数据开放共享政策的制定与实施过程中，均涉及政府部门间、政府与外界间以及其他参与主体间的数据信息申请、获取、共享、利用等环节。

示范工程：贵阳市鼓励"行政机关在政府数据共享开放中先行先试，探索创新"，并提出，在政府数据共享开放中做出突出贡献的个人或单位，应由县级以上人民政府对其工作进行奖励或表彰，以示榜样①。

法规管制：贵阳是全国第一个大数据立法的地方。2017 年 4 月，贵阳率先在全国颁布了关于政府数据共享开放的地方性法规——《贵阳市政府数据共享开放条例》，并先后配套制定发布《贵阳市政府数据资源管理办法》《贵阳市政府数据共享开放实施办法》《贵阳市政府数据共享开放考核暂行办法》，明确了政府数据开放工作的具体任务、实施路径和保障机制，初步形成政府数据开放政策法规体系。另外，贵阳市大数据发展管理局在 2019 年出台了《贵阳市大数据产业资金管理办法》，明确对开放数据应用产品的奖励支持条款，提供政府数据挖掘利用可持续服务

---

① 贵阳市人民代表大会：《贵阳市政府数据共享开放条例》，http://www.guiyang.gov.cn/zwgk/zfxxgks/fdzdgknr/lzyj/gfxwj/szfbmgfxwj/201810/t20181002_16907277.html，2017 年 4 月 10 日。

保障。

贵阳市政府数据共享开放过程中，还涉及以其他方法分类的教育培训财政支持等政策工具。如"行政机关应当加强政府数据共享开放宣传教育、引导和推广，增强政府数据共享开放意识，提升全社会政府数据应用能力"①、贵阳市"政府数据共享开放工作所需经费纳入同级财政预算"等②。一是解决贵阳市在开展政府数据共享时所必要的资金支持；二是有效的教育宣传亦能帮助相关主客体及所有工作参与者、受益者加强对数据开放的理解，从而加快工作有效实施。

综上，供给面、需求面、环境面政策工具的有效结合与运用，为贵阳市政府数据开放共享政策的进一步贯彻落实提供了强大助力。

（四）政策效果分析

贵阳市政府数据开放共享政策准备度较高，为当地数据开放工作顺利有效开展提供了正确的理论指导和有力的法律保障。在此基础上，贵阳市政府数据开放共享在全国范围内取得的一系列优异成绩也见证了这些政策的价值与成效。通过调研发现，贵阳市政府数据开放共享政策成效主要体现在其对与"贵阳市政府数据开放平台"相关的一系列数据开放活动的指导上。

第一，平台成功上线运行。2015 年，贵阳市政府办公厅印发《贵阳市政府数据交换共享平台推进工作方案》《贵阳市大数据综合治税推进工作方案》等文件，对贵阳市政府数据开放平台的搭建作四个阶段的详细规划与指导。2016 年年底，贵阳市政府数据开放平台（http：//www.gyopendata.gov.cn/city/index.htm）正式上线运行。该平台深入推进政府数据"聚通用"，在制度保障、平台架构和数据服务等方面探索出的经验，不仅是国家大数据（贵州）综合试验区在政府数据开放领域先行先试的最新成果，也为我国地方政府数据开放平台建设提供了可借鉴、可

---

① 范丽莉、唐珂：《基于政策工具的我国政府数据开放政策内容分析》，《情报杂志》2019 年第 1 期。

② 杨正、田进：《政府数据开放利用的政策文献计量研究——一个三维分析视角》，《情报杂志》2018 年第 12 期。

推广的样本。

　　第二，平台数据丰富，运行服务良好。2017 年 5 月至 2019 年，贵阳市人民代表大会、贵阳市人民政府办公厅等部门先后出台的《贵阳市政府数据共享开放条例》《贵阳市政府数据共享开放实施办法》以及《贵阳市政府数据共享开放考核暂行办法》等政策，将政府开放数据的收集、存储、共享、数据安全保障、开放平台的运作管理等详细纳入政策安排。截至 2020 年 3 月，平台开放服务时间超过 3 年，共吸引 47 个市级部门、13 个区县加盟。目前已开放数据 12550108 条、数据集 2806 个、397 个 API。数据涵盖经济管理、教育科技、军事国防等 20 个主题，涉及生态文明、公共安全、交通运输、社会发展等 14 个领域。数据包含 EXCEL、CSV、XML、JSON、RDF 以及其他等多种类型数据。据统计，平台目前数据总访问量达 500 余万次，数据总下载量达 170 余万次①。贵阳市政府数据开放平台数据检索栏设有高级检索框，提高了用户群体的数据检索效率，是本次调研实证分析 11 个地区中唯一设有高级检索框的平台。平台设有"互动交流"板块，对所有反馈逐一作了回复，为用户提供数据申请、反馈的途径。通过"依申请开放"通道对公众提出的 38 次数据请求进行相应答复，依法开放了相关政府数据。通过调研发现，不少平台用户积极利用平台设计这一优势，在该板块上及时提出自己的数据需求与需要解决的问题，为平台的更好发展提出宝贵意见与建议。

　　第三，数据开放成绩优异。《中国地方政府数据开放报告》显示，2017 年，贵阳市（地级）政府数据开放排名全国第二，仅次于上海市（省级）；2018 年和 2019 年，连续两年蝉联地级（含副省级）排名全国第一。2020 年 7 月 10 日，上海社科院发布《2020 全球重要城市开放数据指数》②报告。在 30 个全球重要城市中，贵阳以开放数据指数较高得分位列榜单前十，综合排名全球第六，超过洛杉矶、新加坡、东京、莫斯

---

　　①　中国国际大数据产业博览会组委会：《贵阳深入推进政府数据"聚通用"数字经济城高质量发展新引擎》，http：//gz. sina. com. cn/news/2020 – 07 – 27/detail – iivhvpwx7728390. shtml，2020 年 7 月 30 日。

　　②　优易数据：《2020 全球重要城市开放数据指数》，https：//baijiahao. baidu. com/s？ id = 1672103691706406457&wfr = spider&for = pc，2020 年 7 月 13 日。

科、伦敦等知名城市。不可否认，贵阳市政府数据开放共享积累了一定的开放经验，开放成绩不错的同时也离不开一系列内容丰富的政策指导。

需要注意的是，贵阳市开放数据利用成果并不完全成熟，如利用平台数据而生成的"圈贵阳""贵医云""云上贵州多彩宝"等 App 在平台显示的下载量极低甚至为零，政策在制定的时候是否应该细化更具体的因素或向这方面倾斜？是否该对数据利用成果多作一些规定和要求？应当是政策主体在制定下一步政策时可以考虑的内容。

三　贵阳市政府数据开放共享专项政策分析——以《贵阳市健康医疗大数据应用发展条例》为例

本书中指的专项政策主要指的是专门针对某一特定领域数据开放共享而制定的政策，这类政策制定有较强的针对性和实用性，可作为地方政府数据开放共享政策的一个有力补充。笔者以《贵阳市健康医疗大数据应用发展条例》①（以下简称《条例》）为案例，作为贵阳市数据开放共享专项政策分析。该《条例》是由贵阳市人民代表大会常务委员会于2018 年 10 月 9 日发布，是继贵阳市政府数据开放共享从宣传到实施，再到应用于具体领域的政策写照。政策涵盖以下内容。

第一，发展工作遵循原则："健康医疗大数据应用发展应当遵循政府主导、便民惠民、改革创新、规范有序、开放融合、共建共享、保障安全的原则"。该工作由市人民政府主导，医疗卫生行政主管部门统筹协调、监督指导和组织实施工作。

第二，数据采集与汇聚：《条例》明确"市医疗卫生行政主管部门负责统筹建设管理、运行和维护市级全民健康信息平台"，各医疗卫生等有关主管部门、医疗卫生机构和健康医疗服务企业则应根据职责和数据标准采集、整理日常健康医疗数据，并将其汇集到平台，做到及时更新。

---

① 贵阳市人民代表大会常务委员会：《贵阳市健康医疗大数据应用发展条例》，http：//www. guiyang. gov. cn/zwgk/zfxxgks/fdzdgknr/lzyj/dfxfg/201810/t20181009_8176252. html，2018 年 10 月 9 日。

第三，数据应用：平台数据实现了共享，也要运用到实处才能真正实现价值，为人民带来便利。如构建居民电子健康档案、建立医疗检查检验结果互认机制等便是《条例》中数据应用的典型实例。

第四，促进与保障："鼓励健康医疗业务与大数据技术深度融合"，并"鼓励商业保险、社会保险、医疗救助机构参与医疗卫生机构健康医疗信息化建设、资源共享，提供大病保险、基本医疗保险和医疗救助等一站式服务。"同时，相关医疗部门应当遵循《中华人民共和国网络安全法》等法律规定，建立安全制度、责任制度、操作规程和技术规范等，保障数据安全，保护个人隐私。

《条例》是政府数据开放工作在医疗界得到积极响应的一大政策成果，符合大数据时代的号召，将政府数据开放共享的号召应用于医疗领域，倡导医疗相关部门在职权范围内积极采集、汇编、公开和利用各相关医疗数据，做到便民、利民。值得肯定的是，根据当前贵阳市大数据在医疗领域的应用取得的成果来看，《条例》的实施已取得了不错成果。例如：贵阳市民利用大数据实现了网上就医、网上医保支付。"贵州通"是一款集公共交通、健康社保等为一体的 App 应用；"贵健康"是一款专注于为用户提供健康管理和医疗就诊服务的软件；"贵阳市医疗保障局"入驻微信公众号，市民可在上面享受进行医保查询、异地就医、医保缴费等服务。以贵阳市花溪区为例，2019 年，贵阳市花溪区医保局已全面开通"同城申请社会保障 IC 卡勘误、注销、临时就医备案、修改密码、个人账户清退（返还）审核支付业务同城办理""同城办理异地就医备案""特殊病种申办实现跨区办证""同城办理生育津贴审核支付业务"以及"贵州省全程电子化监控平台（FES）发放和社会保障卡网拨功能"等"五个通道"办理医保业务[①]。贵阳市医保局提出，要在 2020 年"结合医保电子就医凭证推出的契机，开展诊间支付工作，简化就医流程，进一步方便参保群众就医。"要"利用技术手段、信息手段进一步优化工

---

① 贵阳市医疗保障局：《花溪区医保局全面开通"五个通道"办理医保业务 扎实推进"放管服"工作》，http：//ybj.guiyang.gov.cn/ybxw/qxdt/202001/t20200110_42342054.html，2020 年 1 月 9 日。

作流程，尝试开展手工报销资料电子扫描系统建设工作"[1]。

第二节　广州市政府数据开放共享政策实证研究

广州市是广东省省会，属于副省级级别城市，其政府数据开放工作在全国具有代表性。

一　广州市政府数据开放共享政策发展的背景

广州市针对政府数据开放共享建立的平台"广州市政府数据统一开放平台（http：//data. gz. gov. cn/）"于 2016 年正式上线运行，与广东省数据开放平台上线时间同属一年。相比于全国同级别的其他副省级城市，其平台上线时间较早。在政府数据开放共享政策体系构建方面，早在 2009 年，广州市人民政府办公厅便根据当地实际发展情况，发布《关于加快全市电子政务建设的通知》[2]，对"政府网上信息公开""推进政务信息资源共享"等重要内容作了规定，该文件并非专门针对政府数据开放共享制定政策，但为后来当地政务信息公开有效开展奠定了基础。时隔 8 年，当全国政府数据开放工作慢慢发展并渐入佳境时，广州市政府于 2017 年年初出台了与当地政府数据开放共享相关政策——《广州市人民政府办公厅关于促进大数据发展的实施意见》和《广州市信息化发展第十三个五年发展规划（2016—2020 年)》[3]。

二　广州市政府数据开放共享基本政策分析

通过在"广州市政务服务数据管理局（http：//zsj. gz. gov. cn/zwgk/zfxxgkml/zfxxgkml/gzdt/content/post_5605963. html)""广州市人民政府门

---

①　贵阳市医疗保障局：《贵阳市医保局 2020 年信息化建设工作要点》，http：//ybj. guiyang. gov. cn/zwgk/ghjh/202005/t20200519_60507896. html，2020 年 5 月 19 日。

②　广州市政府办公厅：《关于加快全市电子政务建设的通知》，http：//www. gz. gov. cn/zwgk/fggw/sfbgtwj/content/post_2847316. html，2009 年 11 月 19 日。

③　谭必勇、刘芮：《我国地方政府开放数据政策研究——以 15 个副省级城市为例》，《情报理论与实践》2018 年第 11 期。

户网（http：//www.gz.gov.cn/）"等权威官方网站对"政府数据""数据开放""政务资源共享"等关键词进行检索（检索截止日期为2020年3月），整理出表3—2广州市政府数据开放共享政策列表。

表3—2   广州市政府数据开放共享政策列表

发布时间	发布机构	相关政策
2009年11月6日	广州市人民政府办公厅	《关于加快全市电子政务建设的通知》
2016年10月21日	广州市大数据管理局	"广州市政府数据统一开放平台上线运行"
2017年1月7日	广州市人民政府办公厅	《广州市人民政府办公厅关于促进大数据发展的实施意见》
2018年7月24日	广州市海珠区人民政府	《海珠区人民政府关于印发海珠区政务信息资源共享管理暂行办法的通知》

通过调研与政策检索发现，广州市政府数据开放共享工作在实施层面取得不错成果，但在政策准备方面，依旧如全国大多数城市一样缺乏比较完备的政策体系。目前，当地尚未出台过关于政府数据开放共享的具体政策，大多文件是针对"政府信息公开"和当地大数据发展规划而制定，政府数据开放共享相关内容仅作为其中一小部分对政策主题的重要性进行补充或强调。不过，广州市当局及各媒体通过新闻报道对当地政府数据开放共享过程、成果等进行了较多宣传，时间大多集中在2017年，如2017年6月9日，广州市信息化服务中心报道了《广州市政府数据统一开放平台获"数开丛生·奖"》；2017年7月14日，广州市政务管理办公室报道了《市政务办大力推进政务信息共享工作》，为以后数据开放共享政策的出台营造了良好的舆论环境。

（一）政策内容

《广州市人民政府办公厅关于促进大数据发展的实施意见》①（以下

---

① 广州市人民政府办公厅：《广州市人民政府办公厅关于促进大数据发展的实施意见》，http：//www.gz.gov.cn/zfjgzy/gzsrmzfbgt/zfxxgkml/bmwj/qtwj/content/post_4435752.html，2017年1月7日。

简称《意见》）于 2017 年 1 月由广州市人民政府办公厅发布。《意见》在
"加快政府大数据基础设施建设"中提到要"建设政府数据综合应用管理
平台，归集并分析处理政府、行业领域可用数据资源，促进政府数据资
源和社会数据资源的高效流通和充分利用，支撑社会各行业的发展"。在
"促进数据资源共享开放流通，释放重要生产力"建设目标中，提到了 4
项任务，其中"加快政府数据汇聚共享""释放政府数据红利""鼓励社
会数据共享共用" 3 项皆是针对政府数据开放共享而直接提出的要求。在
"推动政府管理服务大数据应用"中强调要"以政府数据资源为支持，鼓
励市场提供与市民生活密切相关领域的大数据应用，实现政府公共服务
的技术创新、管理创新和服务模式创新"。

　　2018 年 7 月，海珠区人民政府发布《海珠区人民政府关于印发海珠
区政务信息资源共享管理暂行办法的通知》① （以下简称《办法》）。《办
法》以《国务院关于印发政务信息资源共享管理暂行办法的通知》为政
策指导，依据《广东省人民政府办公厅关于印发广东省促进大数据发展
行动计划（2016—2020 年)》等系列文件，对海珠区政务信息资源开放
的相关内容作出解读，如当地数据能否共享？如何共享？发生数据争执
等问题如何解决？进而为破除"信息孤岛"指明道路。

　　2016 年 10 月，广州市大数据管理局、广州市信息化服务中心联合发
布《广州市政府数据统一开放平台上线运行》，这是一篇专门对政府数据
开放共享进行报道的新闻，主要对广州市政府数据开放平台正式上线进
行报道，并简单介绍了参与上线仪式的各单位将在接下来的数据开放工
作中积极做出贡献，如"广州市工信委将加大数据归集、处理及发布力
度，加快政府信息平台整合，大力推动政府信息系统和公共数据互联开
放共享，消除信息孤岛，通过畅通数据流、引领技术流、汇集资金流、
吸聚人才流，加快经济转型升级和信息惠民惠企为广州建设枢纽型网络

---

　　① 海珠区人民政府：《海珠区人民政府关于印发海珠区政务信息资源共享管理
暂 行 办 法 的 通 知》，http://www.haizhu.gov.cn/gkmlpt/content/5/5491/post_
5491263.html，2018 年 7 月 24 日。

城市不断做出新贡献"①。

（二）政策环境

首先，社会发展是基础。广州市不仅是全国 15 个副省级城市之一，而且作为我国改革开放的先行地，40 多年来，以敢为天下先的精神，创造了举世瞩目的成就。在此过程中，广州经济腾飞为数据开放共享发展构建了坚实基础和良好环境。广州市于 2016 年上线了"广州市政府数据统一开放平台"，在 2017 年、2018 年《中国地方政府数据开放报告》成绩综合排名中，其开放成绩均排名全国前五。广州是先拥有一定政府数据开放实践经验，而后形成了政策规范。如《海珠区人民政府关于印发海珠区政务信息资源共享管理暂行办法的通知》的诞生就来源于实践的探索。这种"自下而上"的微观实践形成的文件指导，是广州市在政府数据开放共享政策方面有别于许多其他城市的一大特点。

其次，政治要求是助力。国家领导人多次在公开场合提出政府数据应当共享和开放。2013 年以来，中央各种关于大数据发展与规划的文件中也屡次提到各地方政府数据开放的重要性和必要性。广州市数据统一开放平台上线时，广州市委常委周亚伟出席仪式并启动广州市政府数据统一开放平台、市网络电子证照系统。广州市工信委赵军明主任在平台上线仪式上的致辞——"广州以贯彻落实国家《促进大数据发展行动纲要》和《广东省"互联网＋"行动计划》为契机，完成了广州市政府数据统一开放平台、网络电子证照系统建设"②，表示了对政府数据开放共享工作的支持与鼓励。

（三）政策工具的应用

在政策工具的应用方面，广州市政府数据开放共享政策主要应用了供给面政策工具（科技投入、人才培养、信息服务）、环境面政策工具（目标规划）。

---

① 广州市大数据管理局：《广州市政府数据统一开放平台上线运行》，http：// www. gz. gov. cn/zfjgzy/sgxhzzs/content/post_2970285. html，2016 年 10 月 21 日。

② 广州市大数据管理局：《广州市政府数据统一开放平台上线运行》，http：// www. gz. gov. cn/zfjgzy/sgxhzzs/content/post_2970285. html，2016 年 10 月 21 日。

科技投入：在政府数据开放共享工作上，广州市属于先有实践，后有相关政策的城市。通过技术研发进行平台设计、搭建与维护。2016 年年底，"广州市政府数据统一开放平台"正式上线运行。数据开放取得一定经验，继而各媒体对其数据开放成绩进行报道。

人才培养：加强对区、市的政务信息共享相关工作人员的知识、技能培训。2018 年 11 月 14 日，海珠区政务办召开政务信息资源共享培训会议；2019 年 6 月 27 日，市政务服务数据管理局举行政务信息共享培训。

信息服务：在广州市本级及其区县的政府数据共享开放过程中、与政府相关的其他数据活动开展中，涉及各政府部门之间，行政机关与外界群体、组织间以及其他参与主体间的数据信息申请、获取、共享、利用等环节。信息收集、传递、共享等在广州市政府数据开放中起着重要作用。

目标规划：为促进数据流通，释放重要生产力，《广州市人民政府办公厅关于促进大数据发展的实施意见》提出了"加快政府数据汇聚共享""释放政府数据红利""鼓励社会数据共享共用"① 3 条针对政府数据开放共享的任务与目标。

从表 3—2 广州市政府数据开放共享政策列表中可知，广州市本级并未专门出台针对当地数据开放的独立性文件，因而在需求面、其他供给面政策工具的应用上也较为薄弱。在上述所涉及的政策工具如"人才培养""信息服务"中，部分工具并非单独对数据开放而言，还包括政务信息、大数据等。

（四）政策效果分析

笔者以 2017 年 1 月发布的《广州市人民政府办公厅关于促进大数据发展的实施意见》②（以下简称《意见》）中与"政府数据开放共享"有关的政策内容所取得的实施效果为例，对广州市政府数据开放共享政策

---

① 广州市人民政府办公厅：《广州市人民政府办公厅关于促进大数据发展的实施意见》，http：//www.gz.gov.cn/zfjgzy/gzsrmzfbgt/zfxxgkml/bmwj/qtwj/content/post＿4435752.html，2017 年 1 月 7 日。

② 广州市人民政府办公厅：《广州市人民政府办公厅关于促进大数据发展的实施意见》，http：//www.gz.gov.cn/zfjgzy/gzsrmzfbgt/zfxxgkml/bmwj/qtwj/content/post＿4435752.html，2017 年 1 月 7 日。

效果进行分析。

首先,《意见》提出要"加快政府数据汇聚共享""释放政府数据红利""鼓励社会数据共享共用"。自 2016 年 10 月以来,"广州市政府数据统一开放平台"已开放数据集 1460 个,开放数据量 119288352 条,涉及道路交通、城市服务、公共安全等数据主题 16 个,采矿业、制造业、房地产业等 19 个行业数据(截止检索日期:2020 年 6 月 11 日),在 2017 年至 2019 年《中国地方政府数据开放报告》中分别排名全国第八位、第四位和第八位。

其次,《意见》强调要"以政府数据资源为支持,鼓励市场提供与市民生活密切相关领域的大数据应用"。通过在"广州市政府数据统一开放平台"进行应用检索发现以该平台数据为基础,已经为市场提供"行讯通""广州通""广州银行""穗好办""广州出行易"等涉及财税金融、道路交通、民生服务等 9 个应用 App。

由此,从实践成果看,对于已提出的政府数据开放共享政策内容,广州市在很大程度上已经完成其要求。但就具体而专一的政府数据开放文件而言,目前,广州市尚缺乏这方面的准备,仍可考虑在这方面加大资源投入力度,建成当地政府数据开放共享政策体系。

第三节　青岛市政府数据开放共享政策实证研究

青岛市是全国首批沿海开放城市、全国 15 个副省级城市之一,是我国政府数据开放共享工作较早并取得成效的城市之一。

一　青岛市政府数据开放共享政策发展的背景

2019 年《中国地方政府数据开放报告》显示,青岛市是全国副省级城市中第二个上线政府数据开放平台的城市,顺序仅次于武汉市。其正式上线时间为 2015 年,早于山东省(2018)及其省会城市济南(2018)。2013 年,青岛市搭建成新型综合数据信息平台——数据青岛,并于当年 9 月正式开通上线,该平台"数据涵盖全市国民经济和社会发展的各个方

面，实现了全市经济社会发展数据信息的大综合和全共享"①。一定程度
上为后来政府数据开放共享工作的有效推进储存了资本、积累了经验。
2015 年，当地政府部门和社会媒体开始陆续对有关青岛市政府数据开放
共享的工作进行报道。2017 年 5 月，青岛市人民政府制发《关于促进大
数据发展的实施意见》②。该政策对促进大数据发展工作时应遵循的基本
原则作了细致要求，其中包括"坚持开放共享，推动公共数据向社会开
放"。2018 年 12 月，青岛市教育局《关于印发青岛市教育局政务信息数
据资源共享开放目录的通知》③，对在教育方面政务资源共享的范围和平
台等作了清楚的规定。

二　青岛市政府数据开放共享基本政策分析

从检索发现，青岛市在其信息公开、大数据发展管理、政务资源管
理的多项文件中，重点对政府数据或其他公共数据资源的开放共享进行
描述。青岛市是本次实证分析的 11 个地区中关于政府数据开放相关文件
准备比较充足的地区。笔者通过在"青岛政务网（http：//
www. qingdao. gov. cn/n172/）""青岛市大数据发展管理局（https：//
www. bidcenter. com. cn/newssearchyz – 66001274. html）"等权威官方网站
对"政府数据""数据开放""政务资源共享"等关键词进行检索（截止
检索时间：2020 年 3 月），整理出表 3—3 中青岛市政府数据开放共享相
关政策文本。

---

① 青岛政务网：《"数据青岛"正式开通运行》，http：//www. qingdao. gov. cn/
n172/n1530/n32936/130913084826788863. html，2013 年 9 月 13 日。

② 青岛市人民政府办公厅：《关于促进大数据发展的实施意见》，http：//www.
qingdao. gov. cn/n172/n68422/n68424/n31280899/n31280900/170622155347775786. html，2017
年 5 月 23 日。

③ 青岛市教育局：《关于印发青岛市教育局政务信息数据资源共享开放目录的
通知》，http：//edu. qingdao. gov. cn/n32561912/n32561915/181218165123522258. html，
2018 年 12 月 18 日。

表3—3   青岛市政府数据开放共享政策列表

发布时间	发布机构	相关政策
2015 年 1 月 5 日	青岛市人民政府办公厅	《关于加快推进公共信息资源向社会开放的通知》
2017 年 5 月 23 日	青岛市人民政府	《关于促进大数据发展的实施意见》
2017 年 12 月 11 日	青岛市交通运输委员会 青岛市质量技术监督局	青岛市交通运输委员会、青岛市质量技术监督局关于颁布实施《青岛市交通运输数据共享技术与管理规范》的通知
2018 年 12 月 18 日	青岛市教育局	《关于印发青岛市教育局政务信息数据资源共享开放目录的通知》

（一）政策内容

2015 年 1 月，青岛市人民政府办公厅发布《关于加快推进公共信息资源向社会开放的通知》①（以下简称《通知》）。《通知》从"指导原则"出发，对公共信息资源开放的范围、标准、信息采集、管理和发布等作出指示，提出要完成"公共信息资源管理系统"的建设和管理；"梳理并发布可开放信息资源"；"建设公共信息资源开放网站"；"制定公共信息资源开放相关制度和工作规范"等几项重要任务，同时也强调了对加强政府信息公开的组织协调、宣传和评估工作等。

2017 年 5 月，青岛市人民政府发布《关于促进大数据发展的实施意见》②（以下简称《意见》），其中不少内容与公共数据开放共享密切相关。首先，《意见》提出 5 条"基本原则"，其中"坚持集约统筹"与"坚持开放共享"两项原则是直接关系公共数据发展利用、开放共享的规定。"坚持集约统筹"原则强调了"实现资源集约化利用，遏制分散建设、重复投资、信息孤岛和数据割据等现象"；"坚持开放共享"原则提

① 青岛市人民政府办公厅：《关于加快推进公共信息资源向社会开放的通知》，http：//www. qingdao. gov. cn/n172/n68422/n68424/n31280468/n31280472/150116163606709612. html，2015 年 1 月 16 日。

② 青岛市人民政府办公厅：《关于促进大数据发展的实施意见》，http：//www. qingdao. gov. cn/n172/n68422/n68424/n31280899/n31280900/170622155347775786. html，2017 年 5 月 23 日。

出要"坚持开放共享为常态、不开放共享为例外的原则,大力推进数据资源跨地区、跨部门、跨层级、跨行业交换共享,推动公共数据向社会开放。"其次,《意见》在"实施重点工程,助推大数据发展"的具体要求中,提出要"制定统一的数据共享标准,保障数据采集、整合、共享协议一致,实现数据互联互通和开放共享";要"强化部门间数据资源交换共享",同时鼓励社会数据资源共享,以推动公共数据资源与社会数据资源的汇聚融合,最终推进公共数据资源的开放共享。《意见》还指出,可利用政务数据开放共享提高市场监管水平;在"推动海洋大数据应用"中,也倡导"建立集数据采集、存储、更新、处理、分析、共享、应用等于一体的海洋大数据综合发展体系。"最后,《意见》强调要建立健全包括数据开放在内的信息安全管理制度,并努力"探索出台相关地方性法规,研究制定数据采集及分类分级、公共数据开放、数据存储、质量保证、数据脱敏等一系列标准规范。"

2015年到2019年,青岛市政务网、青岛市大数据发展局、青岛市交通运输委员会、青岛市教育局以及《青岛日报》等官方或非官方组织机构等不定时地对"青岛公共数据开放网(http://data.qingdao.gov.cn/)"的上线、运行及其取得的开放成果等进行报道。如2015年9月,《青岛日报》对当地数据开放网刚刚上线时首批开放的307个数据集进行了报道;2019年5月,青岛市政务网对2019年青岛市数据开放所获成果——"青岛市政府数据开放荣获'数开丛生'奖"进行了宣传。

(二) 政策环境

青岛市是全国政府数据开放共享政策体系构建较早的城市之一。从政策环境角度对其原因进行分析,发现其主要受政治、社会经济发展等几个因素的影响。

首先,"政务公开"建设是基础。青岛市"政务公开"工作发展较早,且发展过程比较透明,注重市民与政府间的互动与共进。2002年7月,青岛市海洋与渔业局便制发了文件《关于深化政务公开和完善政务服务工作的意见》;2008年、2011年……不断有市民致信青岛市人民政府网要求"政务公开"和"信息公开"。而对此类书信的回复青岛市人民政府网也作了透明公开处理，这也为近几年政府数据开放共享政策的推出与工作执行积累了经验。

其次，社会经济发展的需要。青岛市社会经济发展实力雄厚，在全国甚至世界拥有不少知名品牌。中国 20 世纪 90 年代评选的首批著名品牌共 10 个，其中青岛市占 4 个；首批中国质量奖共 5 个，青岛市占 3 个。青岛市用产业成绩数据证明其在几十年的发展实践中沉淀下的经济实力与竞争力。一方面，2015 年开始，中国电商开始空前发展，各大、中、小型企业纷纷开始入驻网销平台，数据成为网络经济发展的重要条件之一，其间，政府对数据安全的管理与规范则对其发展起着关键作用；另一方面，开放政府数据促进政府与企业进一步的经济合作，社会经济发展对社会数据与政府数据的强烈需求推动了政府对相关数据开放共享的支持。

（三）政策工具

在对政策工具的应用过程中，青岛市主要应用了供给面政策工具（人才培养、科技投入、信息服务）。

科技投入：2015 年 1 月，青岛市人民政府办公厅发布《关于加快推进公共信息资源向社会开放的通知》，要求加快构建本市公共信息资源开放平台，通过技术研发进行平台设计、构建与维护等。同年 4 月，青岛市建成公共信息资源开放技术平台后进行试行①，下半年正式运行"青岛公共数据开放网"。科技作为公共数据开放平台建设的隐形必备资源，是平台交互得以成功运作的坚实基础，进一步成为决定政府数据共享能否稳定实施的关键后备技术。

人才培养：2017 年 5 月，青岛市人民政府发布《关于促进大数据发展的实施意见》，对包括青岛市公共数据资源的开放与共享发展在内的大数据发展人才培养作出要求。该政策工具的应用主要针对青岛市大数据发展规划，当中涉及的"公共数据资源开放"作为一部分内容被顺带提及。

---

① 青岛政务网：《青岛建成公共信息资源开放技术平台》，http：//www. qingd-ao. gov. cn/n172/n1530/n32936/150515084519592501. html，2015 年 5 月 15 日。

信息服务：在青岛市政务数据资源开放共享政策的制定与实施过程中，涉及政府数据的采集归纳、分类存储、共享开放等活动，也包括政府部门间、政府与外界以及各其他参与主体间的信息资源申请、获取、共享、利用等环节。

（四）政策效果

青岛市公共数据资源开放共享相关政策出台时间早于全国大多数省或城市的政策出台时间。整体上专门针对公共数据资源或政府数据开放共享的政策体系尚不完整，但在有关大数据发展的文件中曾明确对该内容作出阐述，也为当地数据资源开放共享工作顺利有效开展提供了一些理论指导。几年来，青岛市公共数据资源开放共享的实践经历及取得的开放成果见证了相关政策的存在价值、指导意义与执行效果，主要体现在以下几方面。

一是平台成功上线运行。2015 年 1 月，青岛市人民政府办公厅发布《关于加快推进公共信息资源向社会开放的通知》，要求加快构建本市公共信息资源开放平台。同年 4 月，青岛市建成公共信息资源开放技术平台后进行试行，下半年正式运行"青岛公共数据开放网"。

二是开放平台数据丰富。2017 年 5 月，青岛市人民政府发布《关于促进大数据发展的实施意见》，对大数据发展应遵循的开放共享原则，数据采集、存储、共享以及数据开放安全管理等开放过程中涉及的问题进行规定和强调。笔者统计，截至 2020 年 6 月 11 日，"青岛公共数据开放网"共开放数据集 3021 个；开放"社会救助""法律服务""教育文化"等 22 个数据主题；开放部门 52 个，涉及"信用""医疗""社会保障"等 20 个领域。[①]

三是数据开放成绩优异。《中国地方政府数据开放报告》显示，2017—2018 年，青岛市政府数据开放成绩均排名全国第三，2019 年排名全国第五。不可否认，青岛市公共数据开放相关文件对其开放工作的指导确实起到一定效果。

---

① 青岛公共数据开放网：http：//data. qingdao. gov. cn/odweb/catalog/index. htm。

三　青岛市政府数据开放共享专项政策分析——以《青岛市教育局政务信息数据资源共享开放目录》为例

通过检索发现，青岛市政务数据资源开放共享专项政策包括《关于印发青岛市教育局政务信息数据资源共享开放目录的通知》《青岛市交通运输委员会、青岛市质量技术监督局关于颁布实施〈青岛市交通运输数据共享技术与管理规范〉的通知》，下面以《《青岛市教育局政务信息数据资源共享开放目录》》① 为例，对青岛市政务数据资源开放共享进行专项政策分析。

《关于印发青岛市教育局政务信息数据资源共享开放目录的通知》于2018年12月18日由青岛市教育局发布，该政策内含文件《青岛市教育局政务信息数据资源共享开放目录》，主要对教育类政务信息数据资源共享开放的范围和平台作出规定，对政务信息数据资源开放共享的类型进行说明等，主要内容如下。

政务信息数据资源共享开放的范围和平台：要求"凡不涉及国家秘密、商业秘密、个人隐私和知识产权保护的"都应当纳入开放目录中予以开放。涉及敏感内容的经过脱敏处理后也当及时向社会开放。

政务信息数据资源的归集与更新：要做好对政务数据资源的整理、归类工作，并做好及时更新。

政务信息数据资源共享的申请和受理工作：当各处室的数据资源发生变动时，应当及时向负责部门报备，"申请增加、删除或修改《目录》的条目，以及变更条目的属性，经研究同意后由教育装备与信息技术中心在相应的平台中予以调整"。

《关于印发青岛市教育局政务信息数据资源共享开放目录的通知》最后对涉及"开放"的数据资源无条件进行开放或一些涉及法律等特殊数据信息的开放情况作简要说明，并再次强调数据资源开放的重要性。该通知针对在教育领域涉及的政务数据开放目录进行解读和工作强调，是

---

① 青岛市教育局：《关于印发青岛市教育局政务信息数据资源共享开放目录的通知》，http://www.qingdao.gov.cn/n172/n24624151/n24625415/n24625429/n24625443/181218165123522258.html，2018年12月18日。

《青岛市教育局政务信息数据资源共享开放目录》资源正常开放、相关当局更有效做好该领域政务信息资源共享的必要基础。通过解读亦能使相关政策主客体对自身角色有更清楚认识，开放工作得到更快落实。笔者在 2020 年 6 月 11 日进入"青岛公共数据开放网"，找到"数据目录"下的"青岛市教育局"，可清楚看到其下共 62 条数据目录，点击目录，可看到内容、发布时间及更新时间等。同时，该通知也是积极响应《青岛市人民政府办公厅关于印发〈2018 年全市政务公开重点工作任务分解落实方案〉的通知》中"推进义务教育招生入学信息公开""推进市属高校信息公开"等相关要求，并将其落实到行动的一大举措。

第四节　济南市政府数据开放共享政策实证研究

济南市是山东省省会城市，全国 15 个副省级城市之一。济南市政府数据开放共享工作开始时间较晚，但发展劲头很足，其数据开放成绩排在全国前列。

一　济南市政府数据开放共享政策发展的背景

2019 年《中国地方政府数据开放报告》显示，"济南公共数据开放网（http：//data. jinan. gov. cn/）"上线时间是 2018 年，与山东省政府上线时间同属一年，晚于同省的青岛市（2015 年）以及 15 个副省级城市中的大部分地区。2014 年 4 月，济南市人民政府办公厅发布《市政府门户网站内容保障管理办法》①，要求市门户网站信息管理应遵循"公开透明""资源共享"等管理原则，以促进信息资源共享与利用；2016 年 3 月，济南市人民政府发布《济南市"互联网＋"行动计划（2016—2018

---

① 济南市人民政府办公厅：《市政府门户网站内容保障管理办法》，http：//www. jinan. gov. cn/art/2014/4/24/art_2615_2046200. html，2014 年 4 月 24 日。

年)》①,在"发展原则"中强调,要"开放共享,融合创新",能够将互联网渗透到各个领域,以促进各社会资本的开放互通。两个重要文件都强调了以网络平台促进社会或政府信息资源的开放,为后续公共数据开放的有效开展奠定基础。

二　济南市政府数据开放共享基本政策分析

笔者通过在"济南市人民政府官网（http：//www.jinan.gov.cn/index.html)""济南市大数据局（http：//jndsj.jinan.gov.cn/)"等权威官方网站对"政府数据""数据开放""政务资源共享"等关键词进行检索（截止检索时间：2020 年 3 月 31 日),整理出济南市公共数据开放共享相关政策见表3—4。

表3—4　　　　　　　济南市政府数据开放共享相关政策列表

发布时间	发布机构	相关政策
2014 年 4 月 24 日	济南市人民政府办公厅	《济南市政府门户网站内容保障管理办法》
2015 年 5 月 14 日	市政府办公厅	《济南市人民政府办公厅关于加强政府网站信息内容建设工作的通知》
2016 年 3 月 24 日	济南市人民政府	《济南市"互联网＋"行动计划（2016—2018 年)》
2017 年 12 月 1 日	济南市人民政府办公厅	《济南市推进政务信息系统整合共享打造功能最强政务服务平台提升"互联网＋政务服务"水平实施方案》
2017 年 12 月 29 日	济南市人民政府办公厅	《济南市人民政府办公厅关于印发济南市政务信息资源共享交换管理办法（暂行）的通知》
2019 年 9 月 30 日	济南市人民政府办公厅	《济南市数字政府建设实施方案（2019—2022 年)》

---

① 济南市人民政府：《济南市"互联网＋"行动计划（2016—2018 年)》,http：//www.jinan.gov.cn/art/2014/4/24/art_2615_2046200.html,2016 年 3 月 24 日。

发布时间	发布机构	相关政策
2019 年 11 月 14 日	济南市人民政府	《济南市新一代人工智能发展行动计划（2020—2022 年）》
2020 年 2 月 5 日	济南市大数据局	《关于做好新型肺炎疫情期间数据共享和开放工作的函》
2020 年 2 月 24 日	济南市大数据局	《关于开展公共数据资源目录梳理的函》

通过检索发现，济南市针对当地公共数据开放共享的政策较少，大多是关于政务信息共享的政策。2016 年，济南市人民政府制定"互联网＋"行动计划，对 2016—2018 年的"互联网＋"进行战略规划。2017 年 12 月，济南市人民政府办公厅发布《济南市推进政务信息系统整合共享 打造功能最强政务服务平台 提升"互联网＋政务服务"水平实施方案》①，把"推动政务信息资源共享""打造功能最强政务服务平台"等列入"重点任务"。随后，当地对此新闻的报道也逐渐增多，针对性较强的文件主要集中在 2019 年以后，如由济南市大数据局发布的两条针对公共数据资源开放的函——《关于做好新型肺炎疫情期间数据共享和开放工作的函》以及《关于开展公共数据资源目录梳理的函》。

笔者研究发现，济南市将政府数据开放共享相关内容嵌套在政府出台的相关政策或实施方案中，没有单独出台政府数据开放共享条例或方案，下面选取与济南市公共数据开放共享相关的文件内容进行解读和分析。

（一）政策内容

2014 年 4 月，济南市人民政府办公厅发布《市政府门户网站内容保障管理办法》，主要对政府门户网站内容的保护提出具有可行性的实施方法。部分内容与济南市政务数据开放有所关联。例如，提出在网站内容保障时应遵循"公开透明，集中发布"原则和"资源共享，合力共建"

---

① 济南市人民政府办公厅：《济南市推进政务信息系统整合共享打造功能最强政务服务平台提升"互联网＋政务服务"水平实施方案》，http://www.jinan.gov.cn/art/2014/4/24/art_2615_2046200.html，2017 年 12 月 1 日。

原则，强调政府对于应该公开的信息要做到及时公开和更新，并"整合政府信息资源及服务事项，统一标准规范，合作共建专题、专栏，促进信息资源共享与利用"①。

2017 年 11 月，《济南日报》发布题为"王忠林主持召开智慧城市及数创公社推进工作专题会议"的新闻报道。报道称，在会议上，济南市市委副书记、市长王忠林就智慧城市及数创公社推进工作提出了六项任务要求，其中第二项是"要加大信息开放力度，打破"信息孤岛""要以信息开放为原则，以不开放为特例，在确保数据安全的前提下，加快推进政务数据开放共享，为大数据产业和智慧城市建设提供源头活水"②。政府领导人在对外活动中直接表达对济南市政务数据开放共享工作的支持与关心，对推进济南市公共数据资源开放共享工作起到了积极作用。

2020 年 2 月，济南市大数据局发表针对公共数据开放的文件《关于开展公共数据资源目录梳理的函》。该函内容虽简洁，却是济南市关于政务数据开放政策中为数不多的两条具有针对性和独立性文件之一，也是目前检索到的针对该主题最新的一份文件。文件要求将济南市各单位在市政务数据共享交换平台编制的《济南市公共数据资源目录》重新返回给各单位进行确认和完善，对于确认无误后的《目录》，大数据局将直接纳入 2020 年公共数据管理工作评价范畴。③

（二）政策环境

从政策环境角度分析，济南市政府数据开放政策准备受以下几个方面的影响。

第一，地方政府之间相互作用刺激助推济南市政府数据开放共享相关政策的出台。其一，济南市与青岛市同属山东省，也同属中国 15 个副

---

① 济南市人民政府办公厅：《市政府门户网站内容保障管理办法》，http：//www. jinan. gov. cn/art/2014/4/24/art_2615_2046200. html，2014 年 4 月 24 日。

② 济南市人民政府网：《王忠林主持召开智慧城市及数创公社推进工作专题会议》，http：//www. jinan. gov. cn/art/2017/11/22/art_1861_234636. html，2017 年 11 月 22 日。

③ 济南市大数据局：《关于开展公共数据资源目录梳理的函》，http：//jndsj. jinan. gov. cn/art/2020/2/24/art_38857_4012930. html，2020 年 2 月 24 日

省级城市的行列中。青岛市于 2015 年 1 月出台《关于加快推进公共信息资源向社会开放的通知》，同年 9 月"青岛公共数据开放网"顺利运行，这对大多数尚无这方面准备的城市来说具有一定模范效应。济南市作为山东省省会城市，理应加快数据开放政策准备的步伐。其二，全国早于济南市发布政府数据开放共享相关政策和推进具体实施工作的其他城市，如贵阳市、哈尔滨市等所取得的开放成果对济南市这方面工作的开展具有一定借鉴意义。这种政府间的相互学习、竞争及其他影响进一步推动济南市公共数据开放共享相关政策的酝酿和出台。

第二，政治要求是压力。在济南市与政府数据开放共享相关政策出台以前，国家层面关于大数据或政务信息资源管理的文件中曾多次提到进行政府数据开放共享的必要性与迫切性，且习近平、李克强等国家领导人曾多次在公开场合倡导政府数据共享与开放。山东省省级层面，山东省人民政府办公厅于 2020 年 1 月发布《山东省电子政务和政务数据管理办法》[①]，对当地政务数据的采集、开放利用等管理活动提出要求。上级政府的举措为济南市作出要求和表率。

（三）政策工具

济南市公共数据资源开放共享政策体系中对政策工具的应用，主要包括供给面政策工具（科技投入、信息服务）。

科技投入：为响应济南市大数据发展、政务数据资源管理中政务资源公开、数据共享以及领导人提出的"加快推进政务数据开放共享"等相关要求，通过进行平台设计、构建与维护等技术研发，2018 年，济南市推出并运行"济南公共数据开放网"。平台搭建所需的科技支持，正是"科技投入"政策工具应用的体现。

信息服务：济南市政府数据开放过程中涉及政府部门间、政府与外界间以及各其他参与主体间的数据信息挖掘采集、存储、申请、获取、传递、利用、增值等环节和过程。

---

① 山东司法厅：《山东省电子政务和政务数据管理办法》，https：// baijiahao. baidu. com/s？ id = 1655311085156176790&wfr = spider&for = pc，2020 年 1 月 10 日。

通过表3—4及相关内容的解读和分析发现，目前，济南市公共数据开放虽然取得不错成绩，但其相关政策体系建设则十分薄弱，几乎没有一条专项针对政府数据开放且具有建设性内容的政策，因而，所应用的政策工具较少，并且也不属于专项针对数据开放共享开发的。

（四）政策效果

虽然"济南公共数据开放网"上线时间较晚，但其成绩却比较突出，远超许多比其上线时间还早的城市。其政策效果集中体现在平台上线运行良好、数据内容丰富、数据开放成绩优异等三方面。

一是平台成功上线，运行良好。为积极响应济南市加快推进政务数据资源开放等号召，济南市搭建"济南公共数据开放网"，并于2018年正式上线运行且运作效果良好。

二是平台数据内容丰富。自2018年"济南公共数据开放网"上线以来，截至2020年6月12日，已吸引济南市发改委、济南市住房城乡建设局、济南市生态环境局、济南市历下区、济南市商河县、济南市长清区等79个部门和区县共同加入。开放数据集2292个，开放数据接口4376个，开放文件8732个。开放数据涉及交通运输、金融、医疗、教育等20个领域或主题。其中，以"社会保障"为主题的数据开放指数为9553，排名最高，占比所有主题数据的23.06%；其次为"统计"类主题，开放指数为6335，占比所有主题数据的15.30%①。以该平台开放数据作为数据来源的应用App包括"济南停车""济南大学生就业""我在济南""济南房产"等。进一步说明济南市政府数据开放在利用层面也取得一定成果，相关政策的作用效果也逐渐显现。

三是数据开放成绩优异。《中国地方政府数据开放报告》显示，2018年"济南公共数据开放网"上线运行当年，济南市政府数据开放成绩总排名处于全国前五。2019年全年总排名上升至全国第四。

不可否认，济南市政府数据开放共享积累了一定的开放经验，开放成绩的取得也离不开一系列政策指导。但就较为完善的政府数据开放共

---

① 济南市公共数据开放网：http://data.jinan.gov.cn/。

享政策体系而言，济南市在政策准备、政策工具组合使用方面稍显不足，仍可考虑加大在这方面的资源投入。

三　济南市政府数据开放共享专项政策分析——以《关于做好新型肺炎疫情期间数据共享和开放工作的函》为例

目前，济南市政府数据开放共享专项政策共2项，皆是"函"的形式——《关于开展公共数据资源目录梳理的函》及《关于做好新型肺炎疫情期间数据共享和开放工作的函》，本书选择内容较为丰富的《关于做好新型肺炎疫情期间数据共享和开放工作的函》[①]（以下简称《函》）为代表，对济南市政府数据开放共享专项政策进行分析。

该《函》于2020年2月5日由济南市大数据局公开发布，是在全国疫情背景下，为贯彻落实济南市委、市政府关于疫情防控工作部署，就做好新型肺炎疫情期间数据共享和开放工作作出的安排。该《函》也是济南市在积极开展政府数据开放共享和"疫情防控"两项工作时，将二者紧密结合并落实成文件的重要体现。主要包括以下内容。

第一，各区县和市相关部门按职责要求及时做好疫情防控数据的收集工作，并在济南市政务数据共享交换平台无条件共享数据。

第二，各部门及时做好疫情数据开放工作，以便为社会公众科学"防疫"提供支撑。

第三，相关部门要强化疫情期间公众进行网上办事的数据需求供给，对公众申请公开的数据资源做好及时回应。

第四，公开数据时，要注意数据规范、是否涉及国家机密和个人隐私等数据安全问题。

从文件内容中可解读到，当地大数据局对于此次疫情背景下的数据共享工作十分重视，号召市级各部门、各单位，区县级政府积极落实到执行层面。目前，从"济南市政务数据共享交换平台"有关疫情工作的数据开放情况来看，该市疫情防控、发展的数据开放工作正在稳步有效

[①]　济南市大数据局：《关于做好新型肺炎疫情期间数据共享和开放工作的函》，http：//jndsj. jinan. gov. cn/art/2020/2/5/art_38857_4012923. html，2020年2月5日。

推进。市人民政府官网首页成立了"新型冠状病毒肺炎疫情防控"专栏。"专栏"既展示了各大部门发布的有关疫情的政策动态信息，也包括了每天由济南市卫生健康委等部门对疫情防控数据、疫情动态进行实时更新的数据。从 2020 年 1 月 21 日开始发布"全市重大疾病防控咨询电话"，"专栏"数据更新从未间断，疫情状况严重时，一天内数据更新的次数也较多，有时达到 4 次。

第五节　哈尔滨市政府数据开放共享政策实证研究

"国际湿地城市""东北亚区域中心城市"——哈尔滨，位于我国东北部，全国 15 个副省级城市之一。哈尔滨市是黑龙江省省会，是本次调研实证分析 11 个地区中北方城市的典型代表，属于特大城市行列。

一　哈尔滨市政府数据开放共享政策发展的背景

2020 年是哈尔滨市政府数据开放共享工作推进的第四个年头，哈尔滨市政府数据开放平台（http：//data. harbin. gov. cn/）于 2016 年 12 月 27 日正式上线开放①。早于黑龙江省政府数据开放平台上线时间（截至 2020 年 3 月 31 日，并未发现黑龙江省出台过独立的政府数据开放平台或在政府官网中设置数据开放板块），也早于 15 个副省级城市中其他大多数城市，紧随武汉市、青岛市、广州市、深圳市政府数据开放平台之后。哈尔滨市大数据中心发文显示，该市已于 2017 年 5 月 22 日上线运行新版政府数据开放平台②。说明其平台运行和数据开放已打下一定实战性基础，积累了相关开放成果。2017 年年初，哈尔滨市大数据中心成立"数据开放工作专项推进组"，负责配合市工信委大数据局制定数据开放政

---

① 李忠双、丁洋：《哈尔滨市政府数据开放平台上线开通》，http：//hlj. people. com. cn/n2/2016/1228/c220027 - 29522950. html，2016 年 12 月 28 日。

② 哈尔滨市大数据中心：《哈尔滨市政府数据开放平台新版上线运行》，ht-tp：//www. hrbic. org. cn/hrb_xxzx/display. php？id = 145，2017 年 5 月 23 日。

策、规则，协调政府有关部门开展数据资源整理和数据开放工作，加强政府数据开放平台建设并推动数据开发和应用。2017 年 3 月 10 日，哈尔滨市人民政府办公厅推出《哈尔滨市推进政府数据向社会开放工作实施方案》，对政府数据向外开放过程中应遵循的原则、具体工作目标、任务和保障工作等作了详细说明。

二　哈尔滨市政府数据开放共享基本政策分析

（一）政策内容

通过在"哈尔滨市人民政府官网（http：//www. harbin. gov. cn/）""哈尔滨市大数据中心（http：//www. hrbic. org. cn/）"等权威官方网站对"政府数据""数据开放""政务资源共享"等关键词进行检索，笔者整理出哈尔滨市政府数据开放共享相关政策如表 3—5（检索截止时间：2020 年 3 月 31 日）。

表 3—5　　　　　　哈尔滨市政府数据开放共享相关政策列表

发布时间	发布机构	相关政策
2017 年 3 月 10 日	哈尔滨市人民政府办公厅	哈尔滨市推进政府数据向社会开放工作实施方案
2017 年 4 月 13 日	哈尔滨市人民政府办公厅	哈尔滨市加快推进"互联网＋政务服务"工作方案
2017 年 5 月 31 日	中共哈尔滨市委办公厅、哈尔滨市人民政府办公厅	哈尔滨市全面推进政务公开重点任务实施方案
2017 年 6 月 19 日	中共哈尔滨市松北区委办公室、哈尔滨市松北区人民政府办公室	哈尔滨市松北区全面推进政务公开重点任务实施方案

通过调研，笔者发现，虽然哈尔滨市政府数据开放平台上线时间较早，但目前能检索到的相关政策出台时间均集中在 2017 年。包括专门针对政府数据开放共享的文件——《哈尔滨市推进政府数据向社会开放工作实施方案》以及关于政务公开、大数据发展等规划的其他文件。2018

年后的文件则多为新闻报道类，如哈尔滨市大数据中心分别在 2018 年 5 月 31 日发布新闻"哈尔滨市政府数据开放平台综合水平列副省级城市首位——获中国开放数林指数'数开成荫'奖"①；2019 年 1 月 2 日发布新闻"喜报！哈尔滨市政府数据开放平台跻身全国三甲"②；2019 年 1 月 5 日发布新闻"《哈尔滨市政府数据开放平台项目》获国家经济信息系统优秀研究成果二等奖"③；2019 年 6 月 1 日发布新闻"《黑龙江日报》深度报道我市数据开放工作成果"④。向社会公布了该市数据开放共享取得的成绩，并营造了良好的舆论环境。

2017 年 3 月，由哈尔滨市人民政府办公厅编制发布的文件——《哈尔滨市推进政府数据向社会开放工作实施方案》⑤（以下简称《方案》），是当前检索到的对该市政府数据开放共享而言最具针对性和专一性的政策。该《方案》从"工作原则""工作目标""工作任务及进度安排""保障措施"四大方面专门对政府开展数据资源向社会开放过程中需要重点注意的事项，应遵循的原则，具体工作安排和数据安全，工作宣传、评估等作详细介绍，以确保数据的规范、安全和正常开放。《方案》首先规定哈尔滨市政府数据开放工作中应遵循"开放为常态，不开放为例外""统一标准，规范开放""严格审查，确保安全""突出重点，稳步推进"的原则，并提出要"整合集成各部门可开放的数据资源，有计划地向社会开放"等工作总目标，对 2017 年和 2018 年分别应完成的具体目标进行

---

① 哈尔滨市大数据中心：《哈尔滨市政府数据开放平台综合水平列副省级城市首位——获中国开放数林指数"数开成荫"奖》，http：//www. hrbic. org. cn/hrb_xxzx/display. php？id＝221，2018 年 5 月 31 日。

② 哈尔滨市大数据中心：《喜报！哈尔滨市政府数据开放平台跻身全国三甲》，http：//www. hrbic. org. cn/hrb_xxzx/display. php？id＝244，2019 年 1 月 2 日。

③ 哈尔滨市大数据中心：《哈尔滨市政府数据开放平台项目获国家经济信息系统优秀研究成果二等奖》，http：//www. hrbic. org. cn/hrb_xxzx/display. php？id＝375，2019 年 1 月 5 日。

④ 哈尔滨市大数据中心：《黑龙江日报深度报道我市数据开放工作成果》，http：//www. hrbic. org. cn/hrb_xxzx/display. php？id＝371，2019 年 6 月 1 日。

⑤ 哈尔滨市人民政府办公厅：《哈尔滨市人民政府办公厅关于印发哈尔滨市推进政府数据向社会开放工作实施方案的通知》，http：//www. harbin. gov. cn/art/2017/3/24/art_13791_2106. html，2017 年 3 月 10 日。

划分。《方案》对 2017 年的"工作任务及进度安排"划分几乎详细到每个月，如规定在 2017 年 2 月底前要制订完成数据开放工作计划；在 3 月底前要搭建成全市统一的政府数据开放平台、开展好政府数据开放工作培训会议并完成数据开放目录的编制工作……为确保政府数据开放共享工作的顺利开展，《方案》最后强调要"加强组织领导""落实工作责任""开展绩效评估""强化督办落实""做好舆论宣传"等工作保障措施。但《方案》具体未涉及数据安全保障、开放工作法律保障以及数据的管理等详细内容，相对于其他城市相关政策准备情况而言（详见对广州、济南等城市的实证分析），该文件已经对哈尔滨市政府数据开放共享工作的实施提供了可行性较强的指导实施方案（详见哈尔滨市政策效果分析）。

2017 年 4 月，哈尔滨市人民政府办公厅发布《哈尔滨市加快推进"互联网 + 政务服务"工作方案》①，该方案制定了包括到"2019 年年底前，按照省统一标准，建成全市统一数据交换共享系统"在内的工作目标。要求夯实"数据资源整合汇聚和开发利用"等工作任务基础，"建设省、市标准统一的数据共享交换体系。梳理编制网上政务服务信息共享目录，打通数据处理壁垒"等与政府数据开放共享相关内容。

（二）政策环境

第一，主动实践是关键。哈尔滨市人民政府办公厅在 2017 年 3 月、4 月发布的两项重要政策《哈尔滨市推进政府数据向社会开放工作实施方案》及《哈尔滨市加快推进"互联网 + 政务服务"工作方案》均提出要构建哈尔滨市政府数据开放平台或体系的要求，且两文件对于数据平台或体系建成日期要求分别是 2017 年 3 月底和 2019 年 9 月底，通过 2019 年《中国地方政府数据开放报告》显示，"哈尔滨市政府数据开放共享平台"已于 2016 年建成并成功上线运行。当地政府数据开放实施时间早于政策发布时间。正是这种"自下而上"的微观探索与实践，为哈尔滨市

①　哈尔滨市人民政府办公厅：《哈尔滨市人民政府办公厅关于印发哈尔滨市加快推进"互联网 + 政务服务"工作方案的通知》，http：//www.harbin.gov.cn/art/2017/5/8/art_13791_1649.html，2017 年 4 月 13 日。

政府数据开放硕果的获得奠定基础，一定程度上使当地政府部门意识到有必要出台相关政策为政府数据开放工作继续前行"保驾护航"。

第二，政治要求与府际间学习带动哈尔滨市政府数据开放政策的出台。一方面，从2013年开始，国家层面有关大数据发展的诸多政策中屡次提到要加强政府数据开放共享；另一方面，其他较早开展政府数据开放共享政策编制和实施工作的城市，其实践经验也为哈尔滨市政府数据开放政策准备提供了借鉴与参考。如上海市于2012年推出"上海市公共数据开放平台"；青岛、贵阳等城市于2015年分别发布相关政策《关于加快推进公共信息资源向社会开放的通知》及《贵阳市政府数据交换共享平台推进工作方案》。

第三，更优异的数据开放成绩对政策指导的迫切需求。2017年《中国地方政府数据开放报告》成绩排名显示，哈尔滨市政府数据开放全国综合排名第11位，排在青岛、武汉、广州等同级别城市甚至贵阳、佛山、东莞等地级市之后。2017年3月，《哈尔滨市推进政府数据向社会开放工作实施方案》出台后，其数据开放成绩大有提升，2018年、2019年分别获得全国数据开放地市级（含副省级）综合排名第2名、第3名。

（三）政策工具应用

哈尔滨市政府数据开放共享政策在执行中主要应用了供给面政策工具（科技投入、人才培养、信息服务）和环境面政策工具（技术标准、目标规划）

科技投入：在"哈尔滨市政府数据开放共享平台"搭建过程中，涉及平台框架构建、页面制作、运行维护等多种繁复的技术工作，通过方案设计、技术研讨、平台调试与试运行等诸多环节，该平台于2016年正式上线运行。2018年12月，哈尔滨市申报的研究成果——《哈尔滨市政府数据开放平台项目》获国家经济信息系统优秀研究成果二等奖。在"哈尔滨市政府数据开放共享平台"的前期搭建、中期运行及后期维护中，"科学技术"的基础性、支持性、必要性作用被发挥得淋漓尽致。

人才培养：2017年年初，哈尔滨市大数据中心"成立数据开放工作专项推进组"，负责配合市工信委大数据局制定数据开放政策、规则等工作；同年 3 月，哈尔滨市开展政府数据开放工作培训会议，对政府数据开放工作进行人才培养。普遍意义上，"科技"和"人才"具有一定的关联性，若将其分开讨论，细化在哈尔滨市政府数据开放共享中，则如同上述分析，"科学技术"可说是政府数据开放工作中的"基础力量"，"人才培养"则是当中起着"锦上添花"功效的一角，以人员团队专业的知识内涵和敏锐的洞察力指引和带领实践工作朝着更好方向发展。

信息服务：如同贵阳、广州、青岛、济南一样，哈尔滨市政府数据开放共享过程中，均涉及政府部门间、政府与外界间以及各其他参与主体间的数据信息申请、获取、共享、利用等环节。

技术标准：在《哈尔滨市推进政府数据向社会开放工作实施方案》中明确提出"统一标准，规范开放"原则。通过对"哈尔滨市政府数据开放平台"进行调研发现，该平台严格执行数据管理、呈现等标准；对数据质量进行严格把控，对数据类型、内容等进行严格划分。

目标规划：在《哈尔滨市加快推进"互联网＋政务服务"工作方案》中提出包括"2019 年年底前，按照省统一标准，建成全市统一数据交换共享系统"在内的工作目标，要求夯实"数据资源整合汇聚和开发利用"等工作任务基础，建设省、市标准统一的数据共享交换体系。如今"哈尔滨市政府数据开放平台"成功完成搭建，并在全国范围内取得优异的运行效果。

（四）政策效果

哈尔滨市政府数据开放共享工作建设中，得到了哈尔滨市人民政府、哈尔滨市大数据中心等多主体共同参与。2016 年，哈尔滨市政府数据开放平台上线并成功运行，2017 年 5 月，通过业务创新、技术更新等上线新的政府数据开放平台。哈尔滨市关于政府数据开放共享的政策不多，主要是 2017 年出台的《哈尔滨市推进政府数据向社会开放工作实施方案》及《哈尔滨市加快推进"互联网＋政务服务"工作方案》，两个政策方案内容涵盖广、政策执行可行力度大，对哈尔滨市政府数据开放工作作出了详细的时间规划与任务安排，对该市政府数据开放取得丰硕成果做出了重要贡献，属于具有建设性意义的实施方案。截至 2020 年 3 月 31 日，哈尔滨市政府数据开放平台已开放部门 46 个，开放数据集 1111 条，开放数据 5754948 条，开放数据文件 4137 个，开放 API2320 个。包含"公共安全""民生服务""经济建设"等 14 个主题；数据涵盖采矿业、制造业、金融业、科技服务业等 19 个领域。在数据利用方面，已开放涉及公共安全、民生服务、经济建设等主题的 9 个应用 App[①]。哈尔滨市成功向社会开放共享满足多种不同行业或领域需求的政府数据，实现了诸如搭建或更新全市统一的政府数据开放平台、打通数据壁垒、加快数据共享等政策目标。

2017 年《中国地方政府数据开放报告》显示，2017 年，哈尔滨市政府数据开放成绩列全国综合排名第 11 位、地级及副省级城市中排名第 8 位。2018 年 5 月 31 日，哈尔滨市大数据中心发表题为"哈尔滨市政府数据开放平台综合水平列副省级城市首位——获中国开放数林指数'数开成荫'奖"的新闻报道。该新闻报道基于 2018 年《中国地方政府数据开放报告》对我国 46 个省级、副省级和地市级政府的数据开放情况进行评估所得结果，该市取得了"55.34 分数据开放平台得分，列副省级城市第一位，列地市级（含副省级城市）城市中第二位，列所有的省、市地方平台中第四位"[②] 的好成绩。

2019 年，哈尔滨市政府数据开放共享再创佳绩。1 月 5 日，市大数据中心再次发布题为"《哈尔滨市政府数据开放平台项目》获国家经济信息系统优秀研究成果二等奖"的文章，提到"2018 年 12 月 3 日，国家信息中心学术委员会召开全体会议"，哈尔滨市大数据中心申请的《哈尔滨市政府数据开放平台项目》获得 2018 年度国家经济信息系统优秀研究成果

---

① 哈尔滨市政府数据开放平台：http：//data. harbin. gov. cn/，经笔者整理而得，截止时间 2020 年 3 月 31 日。

② 哈尔滨市大数据中心：《哈尔滨市政府数据开放平台综合水平列副省级城市首位——获中国开放数林指数"数开成荫"奖》，http：//www. hrbic. org. cn/hrb_xxzx/display. php？id = 221，2018 年 5 月 31 日。

二等奖①。

在一系列开放工作实施计划的正确指导下，哈尔滨市政府数据开放相关政策取得了较好的执行效果。但需要注意的是，哈尔滨市政府数据开放政策体系完整性仍有提升空间，目前尚缺乏政策对当地数据开放时面临的数据安全、法律保障、监督绩效等作出详细规定和陈述，仍需对这些方面内容进行不断的实践和补充。

笔者通过检索和调研，尚未发现哈尔滨市各领域有发布关于政府数据开放的专项政策，此部分不作分析。

第六节　遵义市政府数据开放共享政策实证研究

"遵义市作为贵州省第二大城市，是国家大数据综合试验区的重要组成部分，认真贯彻落实习近平总书记关于大数据发展的系列重要讲话精神，积极推动大数据战略行动在黔北大地落地生根、开花结果，是我们光荣使命和责任担当。"② 遵义市拥有独特的红色旅游文化、酒文化和少数民族文化等，对遵义地区发展起着巨大的推动作用，也为遵义市政府数据开放平台提供了多种数据来源。

一　遵义市政府数据开放共享政策发展的背景

2019 年 3 月 20 日，遵义市大数据发展领导小组发布《遵义市大数据战略行动 2019 年工作要点》。该文件为目前该市在政府数据开放相关工作中相对正式的文件。目前，贵州省正在推进"云上贵州"项目建设，政府数据资源开放共享工作在很多方面与此多有相似，各地区在努力推进政府数据开放共享的同时，也在抓紧当地数据"上云"。遵义市除建设"遵义市政府数据开放共享平台"外，"云上遵义"的建设也是风生水起。

---

① 哈尔滨市大数据中心：《哈尔滨市政府数据开放平台项目获国家经济信息系统优秀研究成果二等奖》，http：//www.hrbic.org.cn/hrb_xxzx/display.php? id = 375，2019 年 1 月 5 日。

② 遵义市政府：《风劲扬帆正当时——遵义大数据发展综述》，http：//zy.gymhw.com/news/349565.html，2019 年 5 月 25 日。

因此，本次调研所检索到的关于遵义市数据开放的部分政策原本皆是针对"云上遵义"而出台的。

二　遵义市政府数据开放共享基本政策分析

笔者通过在遵义市人民政府官网（http：//www. zunyi. gov. cn/）及遵义市大数据发展局（http：//dsjfzj. zunyi. gov. cn/）对"政府数据""数据共享""政务资源开放共享"等关键词进行检索，整理出遵义市政府数据开放共享相关政策见表3—6（检索截止时间：2020 年 3 月 11 日）。

表3—6　　　　　　　遵义市政府数据开放共享相关政策列表

发布时间	发布机构	相关政策
2019 年 3 月 20 日	遵义市大数据发展领导小组	遵义市大数据战略行动 2019 年工作要点

表3—7　　　　　　　遵义市政府数据开放共享相关新闻报道

发布时间	发布机构	新闻/通知
2018 年 1 月 11 日	遵义市政府门户网站	"云上遵义"风景无限
2019 年 2 月 26 日	遵义市大数据局	市大数据局开展 2019 年大数据企业复工复产督导和产业调研
2019 年 3 月 25 日	遵义市政府门户网站	我市全力推进"一云一网一体系"建设
2019 年 5 月 29 日	遵义市政府门户网站	遵义政府数据开放位居全国四十强之列

从表3—6 和表3—7 可知，在政府数据开放共享方面，遵义市并未出台比较正规的政策，仅在 2019 年由遵义市大数据发展领导小组出台了《遵义市大数据战略行动 2019 年工作要点》，里面包含了部分有关数据开放共享的内容，大多数是当地组织开展相关活动的新闻报道，主要在贯彻国家或省级层面关于数据资源整合、共享的要求的基础上，宣传遵义市政府要以政务资源，政府数据的开放、共享为目标，大力开展"云上遵义""一云一网一体系"等工作，更多是从政策执行应用层面对政府数据开放工作的宣传。

（一）政策内容

2019年3月，遵义市大数据发展领导小组发布《遵义市大数据战略行动2019年工作要点》。该政策以"深入贯彻落实党的十九大和习近平总书记'推进数据资源整合和开放共享''构建以数据为关键要素的数字经济''运用大数据提升国家治理现代化水平'等关于国家大数据战略的重要论述及对贵州工作的系列指示精神"为指导①，旨在加快推动全市大数据产业发展和政府数据聚通用。政府数据开放共享的宣传只是嵌套在该文件中一个点，其主要是对当地大数据发展的工作要点提出指示，并未体现数据开放共享的原则、计划、方案等内容。

（二）政策效果

遵义市于2019年正式上线遵义市政府数据开放平台（http://www.zyopendata.gov.cn/），在一年多的运行时间内，取得了一定建设成效。目前已对外开放29个部门，开放234个数据集、281个文件，数据涉及财税金融、科技创新、社保就业等20个主题。极大促进了"加快推动全市大数据产业发展和政府数据聚通用"等相关政策目标的实现，逐渐呈现出政策效果。

《中国地方政府数据开放报告》第四期、第五期统计结果显示，2019年上半年和下半年，在全国300多个地级市中，遵义市政府数据开放综合排名分别位列全国40强、50强。正逐步完成《遵义市大数据战略行动2019年工作要点》中有关政府数据开放共享的政策要求。数据共享的政策实践主要体现在遵义市在数据应用层面推出的"云上遵义"平台的构建及"一云一网一体系"建设项目上，这些都成为当地数据开放的"招牌"项目。

总而言之，遵义市政府数据开放共享的政策比较缺乏，尚无专门针对政府数据开放共享的政策出台，可以考虑加大力度推进具有针对性的政策体系构建。通过检索和调研，尚未发现遵义市各领域有发布关于政

---

① 遵义市大数据发展领导小组：《市大数据发展领导小组关于印发〈遵义市大数据战略行动2019年工作要点〉的通知》，http://dsjfzj.zunyi.gov.cn/xxgk/fdzdgknr/bmwj/201911/t20191126_60575522.html，2019年3月20日。

府数据开放的专项政策，此部分不作分析。

第七节　六盘水市政府数据开放共享政策实证研究

一　六盘水市政府数据开放共享政策发展的背景

"中国凉都"六盘水，有着丰富的煤炭、电力资源。六盘水市作为贵州省大数据综合发展试验的重要组成部分，在大数据资源整合利用等方面取得了不错成果。近年来，六盘水市大力实施大数据战略行动，"稳步推进公共数据资源开放，实现数据的融合与共享"[①]。据该市电子政务办公告，近期，六盘水市人民政府官网正移至"中国·贵州政府门户网站云平台"，这是六盘水市，也是贵州省大数据融合共享取得的重要战果之一。

二　六盘水市政府数据开放共享基本政策分析

六盘水市在促进政府数据开放共享工作中，并未针对性地制定专项数据开放共享政策，多以意见、规划、方案等形式转载国家层面的政策文件或新闻报道。在当地相关部门出台的政策或通知中，主要涉及关于电子政务建设、信息公开内容，政务数据资源共享相关要求作为其中某项工作安排的形式被提及。

（一）政策内容

通过在六盘水市人民政府官网输入"政府数据开放""政务资源共享""数据共享"等关键词进行检索，整理了该市政府数据开放共享相关政策文件见表3—8（截止检索时间：2020年3月11日）。

---

① 郭坤、李高阳：《创新驱动助推经济腾飞——我市大力实施大数据战略行动综述》，http：//www.gzlps.gov.cn/yw/jrld/201705/t20170528_12831460.html，2015年5月28日。

表3—8　　　　　　　　　六盘水市政府数据开放共享相关政策列表

发布时间	发布机构	相关政策
2012 年 2 月 2 日	六盘水市人民政府办公室	《市人民政府关于加快推进电子政务建设的意见》
2016 年 10 月	六盘水市经济和信息委员会	《六盘水市大数据产业发展专项规划（2016—2020 年）》
2017 年 10 月 9 日	六盘水市人民政府办公室	《六盘水市大数据智能监管平台建设实施方案》

2012 年，六盘水市人民政府办公室发布《市人民政府关于加快推进电子政务建设意见》，其中提到"编制政务信息资源共享目录应列明共享信息的字段名称、字段类型、字段长度、共享范围、更新时限等，制定政务信息资源共享管理办法"① 等内容，对后来该市政府数据开放共享工作的推进和政府数据开放平台的建设起着一定促进作用。

2017 年，六盘水市人民政府办公室发布《六盘水市大数据智能监管平台建设实施方案》，强调了"统筹规划、资源共享。坚持创新驱动和科技引领，坚持纵横联动和协同共治，坚持数据公开和服务整合，坚持信息互通和资源共用，聚集数据资源、依法科学配置，建立全市统一的市场监管大数据智能化平台，实现企业、行业、政府、消费者对市场主体信息资源的共建共享、互联互通"② 。该通知是截至目前检索到的六盘水市针对数据资源共享比较正式的相关的文件。

笔者进一步对六盘水市人民政府官网进行关键词"数据开放""大数据""数据共享"搜索，呈现出六盘水市 2016 年和 2018 年的几篇报道，

---

① 　六盘水市人民政府办公室：《市人民政府关于加快推进电子政务建设的意见》，http：//www. gzlps. gov. cn/zfxxgkml/jgfl/srmzfgzbm/szfbgs/zpfl _ 35885/fgwj/zfwj/lpsff/201202/t20120202_12643010. html，2012 年 2 月 2 日。

② 　六盘水市人民政府办公室：《市人民政府办公室关于印发六盘水市大数据智能监管平台建设实施方案的通知》，http：//www. gzlps. gov. cn/zfxxgkml/jgfl/srmzfgzbm/szfbgs/zpfl_35885/fgwj/zfwj/lpsfbh/201710/t20171024_12996786. html，2017 年 10 月 9 日。

如"钟山区多举措推进大数据产业集群化发展"[①]"政府数据'聚通用'建设扎实推进"[②] 等新闻，内容主要陈述了当地政务信息公开、大数据发展、深入推进政府数据"聚通用"等，但与政府数据开放共享相关的具体要求和指示却有所距离。

（二）政策效果

从效果上看，主要是与六盘水市政府数据"聚通用"等政策要求和政府数据开放共享有所关联，其文件的执行效果可从六盘水市政府数据开放平台（http：//data. gzlps. gov. cn/）的上线和运行状况中体现。六盘水市政府数据开放平台于 2019 年下半年上线，较全国其他地区晚。目前，平台处于初步发展阶段，开放部门 38 个，涉及数据主题医疗卫生、工业农业、生活服务等 20 个，共开放文件 322 个，开放数据集 308 个[③]。逐渐实现"政府数据聚通用"等与政府数据开放共享相关的目标。但六盘水市专门针对政府数据开放共享的政策不够完善，当地政府可考虑加大政策制定和宣传力度，为平台的更好经营和政府数据开放工作的更好开展做好政策指导与法律保障，同时，六盘水市政府数据开放并未上榜《中国地方政府数据开放报告》成绩排名。

笔者通过检索和调研，尚未发现六盘水市各领域有发布关于政府数据开放的专项政策，此部分不作分析。

第八节　安顺市政府数据开放共享政策实证研究

一　安顺市政府数据开放共享政策发展的背景

"中国瀑乡"安顺，拥有众多独特的自然资源、旅游资源，曾在 2009

---

① 六盘水市人民政府：《钟山区多举措推进大数据产业集群化发展》，http：//www. gzlps. gov. cn/yw/xqdt/201610/t20161007_12524024. html，2016 年 1 月 14 日。

② 周沁蕾：《政府数据"聚通用"建设扎实推进》，http：//www. gzlps. gov. cn/yw/jrld/201807/t20180707_13067139. html，2018 年 7 月 7 日。

③ 六盘水市数据开放平台，http：//data. gzlps. gov. cn/list. html，访问截止时间2020 年 7 月 30 日。

年被评为中国十大特色休闲城市之一，也是国务院批准的第八个国家级新区——贵安新区的主要组成部分。贵安新区是南方数据中心核心区、全国大数据产业集聚区、全国大数据应用与创新示范区等重要基地，其大数据产业对安顺大数据产业的带动和发展起着重要作用。同时，安顺市紧挨全国大数据发展首个综合试验区——贵阳，所谓"近水楼台先得月"，在数据发展上其优势也远胜贵州其他地区。

二　安顺市政府数据开放共享基本政策分析

笔者通过在安顺市人民政府官网输入"政府数据开放""政务资源共享""数据共享"等关键词进行检索，整理出安顺市政府数据开放共享相关政策见表3—9。

表3—9　　　　　　安顺市政府数据开放共享相关政策列表

发布时间	发布机构	相关政策
2018 年 7 月 26 日	安顺市人民政府办公室	《安顺市人民政府办公室关于推进社会公益事业建设领域政府信息公开的实施办法》
2019 年 6 月 10 日	安顺市人民政府办公室	《安顺市 2019 年推进简政放权放管结合优化服务改革工作要点》
2019 年 6 月 25 日	安顺市人民政府办公室	《安顺市 2019 年法治政府建设工作要点》

安顺市政府在有关数据开放共享工作中大多是关于本地政府数据开放工作座谈、讨论等活动，没有专门针对政府数据开放而提出政策方案。政府数据开放、政务资源共享等只是政府在开展其他工作时将其作为工作内容或要点提及。政府制定的这些实施办法和要点虽然没有专门对数据开放共享作出专项规定，但是在一定程度上为政府数据开放、资源共享等工作顺利开展奠定了基础。

（一）政策内容

2018 年，安顺市人民政府办公室发布《安顺市人民政府办公室关于推进社会公益事业建设领域政府信息公开的实施办法》，其中要求"要逐步完善公开方式，把政府门户网站作为第一平台，稳妥推进社会公益事业建设领域信息共享和数据开放"①，这是一份有关于政府数据开放共享相对正式的文件，但主要针对的是公益事业领域建设。

2019 年 5 月，《安顺日报》发布关于安顺市政府数据开放共享新闻——"'安顺彩云'推动全市政府数据'聚通用'"。② 报道称："安顺彩云"作为"云上贵州"的二级分平台已于 2018 年 7 月正式运行，该平台有利于推动全市数据"聚通用"的发展，推进政府及各行业异构数据的资源采集、整合、分析处理、标准制定、信息集中，促进政府数据共享交换和政务公开，为政府及企业提供有价值的数据和服务。同时也提到，安顺市政府数据开放平台已实现全市 39 个部门的数据开放。2019 年 6 月底安顺市人民政府办公室发布《安顺市人民政府关于印发安顺市 2019 年法治政府建设工作要点的通知》，在强调大力推进法制信息化建设时明确阐述"依托市数据共享交换平台实现与其他部门数据共享交换，推动法治建设专业数据、政府部门管理数据、公共服务机构业务数据、互联网数据集成应用，发挥整体效能"③。

（二）政策效果

相比于贵州省除贵阳市以外的其他城市，安顺市政府数据开放共享政策准备已有一定基础，在该市如以"政府数据聚通用""政务信息公开"为主题的相关文件中对当地政府数据开放的工作略有说明或阐述。其政策效果主要以"安顺市政府数据开放平台"的建设和运行情况作为体现。

安顺市政府数据开放平台嫁接在"安顺市人民政府"官网网页。笔者通过安顺市人民政府官网的"政府数据"模块进入"安顺市政府数据开放平台"，发现该平台已开放部门数量 39 个，涉及开放数据主题 12

①　安顺市人民政府：《安顺市人民政府办公室关于推进社会公益事业建设领域政府信息公开的实施办法》，http：//www. anshun. gov. cn/zwgk/xxgkml/zcwj/afbh/201808/t20180802_6194355. html，2018 年 7 月 26 日。

②　《安顺日报》：《"安顺彩云"推动全市政府数据"聚通用"》，http：//www. anshun. gov. cn/xwzx/asyw/201905/t20190529_6139740. htm，2019 年 5 月 29 日。

③　安顺市人民政府：《安顺市人民政府关于印发安顺市 2019 年法治政府建设工作要点的通知》，http：//www. anshun. gov. cn/zwgk/xxgkml/zcwj/aff/201907/t20190703_6193268. html，2019 年 6 月 25 日。

个，开放数据资源 792 个、数据 284161 条。开放数据量统计反映出《安顺市人民政府关于印发安顺市 2019 年法治政府建设工作要点的通知》中阐述的"依托市数据共享交换平台实现与其他部门数据共享交换"[①] 等内容或要求已取得一定执行效果，也说明类似于 2019 年《安顺日报》发布的"'安顺彩云'推动全市政府数据'聚通用'""用好大数据 开创新局面——安顺市稳步推进大数据战略行动综述"等政策报道或宣传在一定程度上促进了安顺市政府数据开放共享。但相比省会贵阳等城市，安顺市政府数据开放平台开放时间较晚，在 2019 年《中国地方政府数据开放报告》中尚未看到其数据开放成绩指数排名。政府当局可继续考虑出台一些具有针对性的政策法规，以规范开放数据的管理和运行，并为其提供法律保障。

三　安顺市政府数据开放共享专项政策分析

安顺市目前尚未有针对性地出台政府数据开放的政策，也暂无政府数据开放涉及某领域的专项政策，但从上述的报道或通知中我们看到，在某些领域的社会建设中也强调了政府资源、政府数据开放共享的必要性和重要性。因此，本书以 2018 年安顺市人民政府办公室发布的《安顺市人民政府办公室关于推进社会公益事业建设领域政府信息公开的实施办法》[②]（以下简称《办法》）为例，对当地在社会公益事业建设领域所强调的政府信息公开、数据开放进行分析。

《办法》第二条："工作要求"中提到，在针对社会公益事业上，要利用各种新闻媒体、宣传手册、手机信息等途径"稳妥推进社会公益事业建设领域信息共享和数据开放"。

《办法》第三条：在工作任务安排中，脱贫攻坚领域、社会救助和社

---

① 安顺市人民政府：《安顺市人民政府关于印发安顺市 2019 年法治政府建设工作要点的通知》，http://www.anshun.gov.cn/zwgk/xxgkml/zcwj/aff/201907/t20190703_6193268.html，2019 年 6 月 25 日。

② 安顺市人民政府：《安顺市人民政府办公室关于推进社会公益事业建设领域政府信息公开的实施办法》，http://www.anshun.gov.cn/zwgk/xxgkml/zcwj/afbh/201808/t20180802_6194355.html，2018 年 7 月 26 日。

会福利领域、教育领域、基本医疗卫生领域、环境保护领域、灾害事故救援领域、公共文化体育领域等都要求做到信息公开，建立信息公开制度，并倡导各机关、公众进行监督；保障措施方面分别从强化组织领导、强化考核评估、强化监督问责三方面强调对社会公益事业建设领域的组织协调、绩效考核和责任监督，为这方面相关政府部门信息顺利公开提供监督和保障。

该《办法》属于社会公益事业建设领域信息公开的专项政策，政策中重点强调信息公开的重要性和必要性，也多次提到政府数据开放。对当局社会事业建设领域信息公开工作提供了有力的保障和督促作用，同时也在促进政府数据开放共享方面起到一定促进作用。

第九节　毕节市、铜仁市、凯里市政府数据开放共享政策实证研究

毕节市和铜仁市属于贵州省地级城市，凯里市隶属贵州省黔东南苗族侗族自治州，属于区县级城市。毕节丰富的煤矿资源、铜仁著名的旅游资源、凯里别样的少数民族文化资源使得三个城市都拥有各自独具特色的文化，为当地政府数据开放提供了特有的数据来源。通过分别在"毕节市人民政府门户网站""铜仁市人民政府官网"以及"凯里市人民政府网"对"数据开放""数据共享""政府数据""政务资源共享"等关键字词进行检索，笔者发现：毕节市和铜仁市均未出台过与政府数据开放共享相关的具体政策或文件。2018年11月，铜仁市人民政府办公室发布的《铜仁市市级政用大数据项目建设管理暂行办法》，是针对当地大数据项目建设管理的办法，里面也仅是简略阐述"政府要作为带头部门，在当地大数据发展信息公开、数据公开中起到带头作用，带领社会、企业共同推进数据公开的发展"[①]等与政府数据开放有关的内容。凯里市未

---

① 铜仁市人民政府办公室：《铜仁市人民政府办公室关于印发铜仁市市级政用大数据项目建设管理暂行办法的通知》，http://www.trs.gov.cn/xxgk/xxgkml/zpfl/fg-gw/szfbwj/201812/t20181218_25678584.html，2018年11月8日。

出台过与政府数据开放共享相关的具体政策或文件。凯里市少数几条新闻也是针对大数据发展提出的,里面简要提到一个或几个与"数据共享"有关的词语。如 2018 年 2 月,凯里市委宣传部发布新闻——《凯里:大数据产业"风生水起"》。在新闻"全力推进'聚通用'攻坚会战行动"①中简要提到要解决数据开放共享问题。目前,凯里市专门针对数据开放共享建成的系统中,已有 55% 的系统迁入了"云上贵州"平台。

　　之所以把毕节市、铜仁市、凯里市放在一起分析,主要有三个原因。

　　第一,三者均未发布与政府数据开放共享相关的具体文件,故暂无法对三个地区进行"政府数据开放共享基本政策分析"及"政府数据开放共享专项政策分析"。

　　第二,三者政府数据开放平台上线时间较晚,平台运行都尚在"成长"中。2019 年《中国地方政府数据开放报告》显示,"铜仁市政府数据开放平台"于 2019 年上半年正式上线;而"毕节市政府数据开放平台"和"凯里市政府数据开放平台"虽然已经成功开放,但至今在 2019年第五期《中国地方政府数据开放报告》中也尚未对其上线时间作出统计和描述。目前,三个地区平台运行都尚在"成长"中,存在"平台运行不稳定"或"开放数据较少"等问题,具体情况如下(数据检索时间:2020 年 3 月)。

　　"毕节市政府数据开放平台"已有 46 个部门共同参与,涉及的开放数据包括财税金融、交通运输、生态环境等 20 个主题,开放数据集共496 个,开放文件 351 个。但无法从浏览器中直接搜索进入该平台,需通过"贵州省政府数据开放平台"和"毕节市人民政府门户网站"转入该平台,且平台网络运行速度极慢,多数时候无法正常获取到数据信息②。

　　铜仁市共 53 个部门参与"铜仁市政府数据开放平台"的建设和数据开放工作,平台包含"经济建设""社会发展""医疗健康"等 32 个数

---

① 陈昕:《凯里:大数据产业"风生水起"》,http://www.kaili.gov.cn/xwzx/zwyw/201802/t20180205_21509736.html,2018 年 2 月 5 日。

② 毕节市数据开放平台,http://www.gzbjdata.gov.cn/,访问截止时间 2020 年3 月 11 日。

据主题，开放数据资源 310 个。其中，数据类型资源 69 个，接口类型资源 164 个，应用类型资源 77 个①。

凯里市政府数据开放平台已开放"凯里市旅游发展委员会""凯里市地方税务局""凯里市投资促进局"等 37 个部门，开放数据集 739 个，开放数据 468 个，涵盖财税金融、医疗卫生、资源能源等 20 个数据主题。

第三，毕节市、铜仁市、凯里市政府数据开放成绩不够理想。2019 年第四、五期《中国地方政府数据开放报告》成绩排名显示，2019 年上半年，铜仁市政府数据开放指数 10.57；"铜仁市政府数据开放平台"平台层建设开放指数 3.80，政策准备度指数 4.79，数据利用指数 0.00，综合排名榜上 69 个地级和副省级城市中第 57 位。2019 年下半年，仅准备度指数上榜为 6.10，综合排名全国地级和副省级城市第 64 名；而毕节市和凯里市开放成绩并未上榜，如表 3—10 所示。

表 3—10　　　　2019 "政府数据开放共享" 平台调研城市排名

城市	贵阳	哈尔滨	济南	青岛	广州	遵义	铜仁	六盘水	安顺	毕节	凯里
综合指数	67.72	54.45	53.23	48.07	43.61	27.07	19.16	无	无	无	无
总排名	1	3	4	5	8	50	64	未上榜	未上榜	未上榜	未上榜

注：城市排名系笔者按 2019 年第五期《中国地方政府数据开放报告》总排名排序，未上榜城市排名按实证分析顺序排列。

---

① 铜仁市政府数据开放平台，http：//www.gztrdata.gov.cn/，访问截止时间 2020 年 7 月 30 日。

第 四 章

世界主要国家政府数据开放共享
政策研究及借鉴

从第二章可知，我国政府数据开放虽然取得了较大的进步，但是仍然形势严峻，在国际组织开展的全球开放数据评估中指标分值偏低，与很多国家存在较大差距。本章从《开放数据晴雨表：全球报告》中排名前十的国家中选取澳大利亚、加拿大、美国进行政策研究，结合政策过程理论，针对需求分析和现状研究中提出的问题，对其开放数据政策进行分析，探讨我国政府数据开放共享的政策方案，为我国政府数据开放提供政策借鉴。

第一节　世界主要国家政府数据
开放共享政策研究

从信息公开发展到数据开放，越来越多的政府都积极加入数据开放共享大军，不断从国家战略体系构建、政策法律法规制定、政府数据网站建立、政府数据开放方式和渠道探索等方面推进政府数据开放共享工作，通过颁布政策来促进政府开放数据的发展成为普遍做法。政府开放数据共享政策对于推动开放政府数据的发展显然具有全局的、指导的、保障的意义。

一　澳大利亚政府数据开放共享政策研究

（一）澳大利亚政府数据开放共享政策发展背景

20 世纪 70 年代，数据开放共享的理念出现并开始运用于西方国家的科学政策领域，其提出的目的是倡导对可利用数据的再次利用，充分挖掘数据信息的剩余价值①。在此背景下，澳大利亚政府认识到数据信息对社会、经济、政治等领域的推动作用愈加明显，开始重视政府数据信息与社会间的共享，政府部门通过制定数据开放共享相关政策，推动了澳大利亚政府数据开放共享的进程。随着澳政府数据开放共享体系的快速发展，澳大利亚整个社会对于政府数据开放的呼声越来越高，人们渴望政府数据公开透明化，大量中央政府机构参与到开放数据政策当中，一系列相关法律政策的颁布和实施都需要专门的数据开放机构，以制定前后一致、连续的数据开放政策，在政府部门内部、政府部门之间进行沟通，促进政府数据得到最大限度地利用与再利用②。澳大利亚政府数据开放共享涉及了多个机构，主要机构包括信息专员办公室、政府信息管理办公室、总理内阁部、总检察院、国家档案馆、统计局及国防通讯局等，各个部门机构各司其职。例如总理内阁部（DPMC），其主要负责对公共部门和政府管理所出现的问题给总理和内阁提供意见和看法，并且向澳大利亚政府部门提供公共和政府事务等方面的咨询和指导，类似于出谋划策的顾问部门。而其下设的隐私和信息公开政策科（The Privacy and FOI Policy Branch）则提供国内和国际的政府信息公开与隐私政策咨询、介绍和支持。又如创立于 1961 年的国家档案馆（National Archives of Australia），建立之初其主要职能是保存澳联邦政府的各项档案信息和历史记档，监督政府记录保存，制定标准，对澳大利亚政府机构提供信息记录管理上的咨询等。后来，它还设有政府信息管理分馆，以便为澳大利亚政府的数据开放共享设定标准和提供建议，负责政府数据开放共享的文

---

① 陈美：《美国开放政府数据的保障机制研究》，《情报杂志》2013 年第 7 期。

② 陈美：《基于整体性治理的澳大利亚信息政策研究》，《情报理论与实践》2013 年第 4 期。

件存档、目录编制等事宜。①

澳大利亚数据开放共享起步相对较晚，其数据集数量、质量、可用性方面不及美国和英国，但是吸取了其他国家经验，澳大利亚政府积极制定相关政策推动数据逐步开放，这几年取得了巨大进展②。英国开放基金会公布的 2015 全球开放数据指数显示，澳大利亚排名第三，相对于 2014 年排名进步了两名③，在 2016 年万维网基金会（World Wide Web Foundation）发布的《开放数据晴雨表：全球报告》（第三版）中，澳大利亚综合排名第十④。2017 年《开放数据晴雨表：全球报告》（第四版）显示，澳大利亚综合得分排名全球第五，排名上升 5 名，综合得分 81 分（见表 4—1）。

表 4—1　澳大利亚 2017 年在《开放数据晴雨表：全球报告》（第四版）中分值

单位：分

国家	项目得分					
澳大利亚	综合得分	全球排名	排名变化	准备阶段	实施阶段	产生影响
	81	5	上升 5 名	85	78	78

（注：本表系笔者根据 https：//opendatabarometer. org/网站数据整理而成，调查截止时间：2020 年 6 月 14 日）

（二）澳大利亚政府数据开放共享政策体系概况

1. 政策内容

澳大利亚在 2009 年到 2015 年从中央政府到地方政府颁布了许多与政府数据开放共享相关的政策，这些政策主要从政府开放的原因和目的、

---

① Publication Sand Tools – National Archives of Australia Government （2016 – 05 – 10），http：//www. naa. gov. au/ records – management/publications/index. aspx.

② 刘海房、莫世鸿、范冰冰：《开放数据最新进展及趋势》，《情报杂志》2016 年第 9 期。

③ OKF, Open Data Index （2016 – 12 – 05），http：//global. census. okfn. org/ year/2015.

④ Open Data Barometer, ODB Global Report Third Edition （2017 – 01 – 10），http：//opendatabarometer. org/doc/3rdEdition/ODB – 3rdEdition – GlobalReport. pdf.

数据开放共享的主体、数据开放共享的原则和人才培养等方面进行了规定。

（1）中央政府层面：自 2009 年开始，澳大利亚政府的总理内阁部，宽带、通信和数字经济部和澳大利亚政府信息管理办公室以及政府 2.0 小组先后发布了《澳大利亚政府信息政策与电子政务》（*Information Policy and E - governance in the Australian Government*）、《数字经济未来发展方向》（*Digital Economy Future Directions*）、《国家政府信息共享策略》（*National Government Information Sharing Strategy*）、《参与政府 2.0 的报告》（*Engage：Getting on with Government 2.0*）、《开放政府宣言》《对政府 2.0 工作组报告的回应》《网络内容无障碍指南第 2 版》（*Web Content Accessibility Guidelines Version 2*）[①] 等。

政府数据开放的原因与目的方面。《开放政府宣言》承认政府信息的更好获取与重用在实现更为开放、参与以及透明民主中发挥着重要作用，因此为了促进民主和广泛参与，政府承诺要实现基于参与文化的开放政府，建设能更好获取和利用政府所掌握信息的平台，并通过技术创新而持续发展；《数字经济未来发展方向》认为政府应在公共和私营部门采取更为开放的信息政策以促进创新，从而促进澳大利亚数字经济的成功。

政府数据开放的主体方面。上述政策对政府数据开放的主体作了详细的规定。如《参与政府 2.0 的报告》建议政府数据开放的领导机构应与其他相关机构合作，并成立一个指导小组来实施这些程序；《对政府 2.0 工作组报告的回应》指定 AGIMO 和财政部为领导机构，小组成员包括 OAIC，其承担制订和实施政府 2.0 工作方案的责任。《澳大利亚政府信息政策与电子政务》提出 OAIC 应充分发挥中心参考点的作用，其他的机构包括 AGIMO、国家档案馆、澳大利亚公共服务委员会（Australian Public Service Commission）和 DPMC 也应在实行政策中发挥作用。

政府数据开放共享的原则方面。《参与政府 2.0 的报告》提出了 5 条原则：拥有大量数据的政府部门信息应当被视为国家资源；数据应免费

---

① Declaration of Open Government Department of Finance（2016 - 04 - 15），http：// www. finance. gov. au/ blog/2010/07/16/ declaration - open - government/.

提供；获取速度快；有重复使用的许可；机器可读。《国家政府信息共享策略》提出了 9 条信息共享的原则：提供领导；传递价值；协同行动；政务明确；建立保管准则；互操作性；使用基于标准的信息；促进信息再利用；确保隐私和安全。《开放政府宣言》是《参与政府 2.0 的报告》的核心建议，提出了政府开放的 3 条原则：告知；参与；协作。要求各机构"减少在线参与的障碍，进行网络社交，增加资源量和网上合作项目、在线协作项目，并支持员工的在线参与"。《开放公共部门信息原则》提出 5 条原则：信息默认可开放存取；基于标准格式；机器可读；高品质的元数据信息；信息公布要按照澳大利亚政府于 2009 年 11 月批准的《网络内容无障碍指南第 2 版》进行。《公共服务大数据战略》提出 6 条"大数据原则"：数据是一种国家资产，应被用于人民福祉；数据共享和大数据项目开发过程中严保用户隐私；数据完整和过程透明；政府部门间以及政府与产业间应共享技术、资源和能力；与产业和学术界广泛合作；强制政府数据开放。

统计上述原则，可以发现重复提到的原则主要有以下几点：一是政府数据是国家资产；二是数据格式基于标准；三是数据应机器可读；四是重视隐私与安全。

政府数据开放人才培养方面。2012 年 10 月，澳大利亚政府发布《澳大利亚公共服务信息与通信技术战略 2012—2015》，强调应增强政府机构的数据分析能力从而实现更好的服务传递和更科学的决策，并将制定一份大数据战略作为战略执行计划之一。2013 年 8 月，AGIMO 正式发布《公共服务大数据战略》，决定成立数据分析卓越中心（Data Analytics Centre of Excellence），隶属于澳大利亚税务局。澳大利亚政府希望在大数据的分析运用方面领先全球，该中心将通过构建一个通用的能力框架帮助政府部门获得数据分析能力，提出了大数据分析的实践指南、主要障碍以及对数据的登录和使用等，并促成政府部门与大专院校合作培养分析技术专家，包括信息和通信技术、信息和统计数据、数学、社会经济学、经营学、语言学和影响评估技能。同时计划将各类大数据分析技术纳入现行教育课程中，强化政府数据开放人才储备。

（2）地方政府层面：昆士兰州政府数据开放共享行动提倡对数据集

进行去识别化,从而确保这些数据集不再包含"机密数据"或"个人数据"。该政策提出,个人信息保护可以通过以下方法去解决:降低风险水平(例如,不发布某些数据内容)以不违反保密性的方式来发布数据(例如,以聚合数据的方式);采取相应步骤来减小数据中个人身份识别程度①。2014 年 12 月,澳大利亚昆士兰州发展、制造、基础设施和规划部发布《开放数据战略 2013—2016》,提出任命数据管理者来实现信息管理战略,而数据管理者的责任是确保部门数据安全、精确和存储,以及在开放数据网站中确保数据集的识别和更新②。2015 年 12 月,澳大利亚昆士兰土著居民与托雷斯海岛居民伙伴关系部发布《开放数据战略》,规定发布涉及私人保护、文化敏感、商业机密的数据集之前,需要检查这些数据是否符合适当标准。③

2. 政策工具

澳大利亚政府数据开放共享政策中主要运用了科技投入、人才培养、法规管制等政策工具促进政策的出台和实施。

科技投入方面,澳大利亚政府信息管理办公室(AGIMO)负责各政府相关的网络建设、管理和协调工作。同时,该部门还创建了博客版面,方便政府与公民建立交流沟通的渠道,使公民更容易了解到想要知晓的数据信息。因此,通过设立的各部门机构职能的高效发挥,有效地帮助政府数据更好地开放,以最大化地满足公众对政府数据公开化的诉求。这是澳大利亚在"硬件"上做出的努力。

人才培养方面,2013 年 8 月,AGIMO 正式发布《公共服务大数据战略》,决定成立数据分析卓越中心,该机构一方面是加快促进府部门与大

---

① Queensl and Treasury and Trade Open Data Strategy 2014 – 2018(2017 – 04 – 05),http：//www. doc88. com/p – 1106980383742. html.

② Department of State Development, Infrastructure and Planning Open Data Strategy 2013 – 2016(2017 – 04 – 06),https：// publications. qld. gov. au/storage/f/2015 – 01 – 20T04：32：59. 506Z/dsdip – open – data – strategy. pdf.

③ Department of Aboriginal and Torres Strait Islander Partnerships Open Data Strategy(2017 – 04 – 07),https：// publications. qld. gov. au /dataset/ 9eb3de60 – f13d – 4b95 – bc9d – fd1e12fe47fd /resource/ a50be65c – 1442 – 4049 – ad9b – 35d0d479fe93/ download/datsipopendatastrategy. pdf.

专院校合作培养分析技术专家，另一方面是计划将各类大数据分析技术纳入现行教育课程中，强化政府数据开放人才储备，[①] 标志着澳大利亚政府将人才培养纳入大数据战略规划层面。

法规管制方面，政府数据开放不仅需要国家强有力政策的支持，还需要完善的法律法规保障。各国都在积极建立适合本国国情的政府数据开放政策法规体系。大多数法规都明确提出政府开放数据的义务，并注重公民隐私权的保护。澳大利亚采用了成文立法和政策保障双重工具来推进政府开放数据，以法规形式保障公民的数据权、规制政府开放数据原则及范围，循序渐进地引导和支持开放数据运动。1982 年澳大利亚颁布《信息自由法》，赋予每个公民和社团获取政府信息的权利，所有联邦政府机关必须执行该部法令。此外，1983 年的《档案法》（*Archives Act 1983*）、1988 年的《隐私法》（*Privacy Act 1988*）、1999 年的《电信传输法》（*Electronic Transactions Act 1999*）、2003 年的《反垃圾邮件法》（*Spam Act 2003*）等法律法规的颁布和实施，都为澳大利亚政府数据开放做出了巨大的贡献。

2010 年 5 月，澳大利亚联邦议会通过了《信息自由改革法修正案》使得政府在信息披露和出版方面更加积极主动，为促进政府数据开放和建立透明政府奠定了法律基础。2012 年，澳大利亚颁布《隐私修正（提高国民隐私保护）法》，是对 1988 年隐私法的重大改变，包括用澳大利亚隐私原则替换信息隐私原则和国民隐私原则，增加对个人身份标识的定义，并重申了个人信息的定义，强调个人信息是指可识别个人的信息或评价，不论该信息或评价的真假，也不论该信息是否被有关载体记录下来。还增加了澳大利亚隐私保护（Australia Privacy Protection）控诉，规定可以对因违反澳大利亚隐私原则而对个人隐私形成妨害的法案和实践守则进行控诉。其法律途径呈现出以下的特点：一是国家的基础性法

① Australian Government Information Management Office，The Australian Public Service Big Data Strategy：Improved Understanding Through Enhanced Data – analytics Capability Strategy Report（2016 – 04 – 20），http：//www. finance. gov. au/ sites/default/files/Big – Data – Strategy. pdf.

律颁布时间较早。例如《信息自由法》《档案法》《隐私法》等多部法律都是在 20 世纪 90 年代问世的。二是注重法律法规的与时俱进。时代在不断进步,数据发展也在不断改变,澳大利亚政府也紧跟数据时代的潮流,注重修订基础法律,添加伴随技术经济发展而产生的新内容,例如基础法律中的《信息自由法》和《档案法》都在 2010 年以后重新颁布了修订版本。三是已经形成体系。在一些重要领域有一系列的相关法律、法规、标准、指南互相补充和配套实施。

（三）澳大利亚政府数据开放政策的优点和不足

1. 优点分析:一是有专门负责政府数据开放管理机构保障。澳政府通过机构设置和人员协调来提供保障。2009 年 6 月,澳大利亚成立政府 2.0 工作小组,负责向政府提供信息公开方面的政策建议,指导政府如何利用 Web2.0 技术来促进在线参与,以及如何加大公共部门信息开放存取,从而提升政府开放性和透明度;为了更好推进大数据战略,澳大利亚于 2013 年 2 月成立大数据工作组,负责大数据指南制定以及相关项目推进①。此外还有澳大利亚信息专员办公室、总理内阁部、国家档案馆等多个机构协同推进。二是政策内容详尽。数据开放共享政策内容的完整、具体与否直接影响着政府对公民的数据开放力度以及政策执行力度。从政策内容来看,澳大利亚中央政府数据开放共享政策对数据开放共享格式、流程、标准等都进行了详细说明。为了促进各级政府对数据开放共享有一个全面、综合的了解,澳大利亚还构建了数据开放共享工具箱网站,方便各部门和公民来查找想了解的政府数据信息。三是政策之间连贯执行力度大。要想较好地完成一项政策任务,必须让政策能够从头到尾地执行下去,政策的连续性和连贯性十分重要,澳大利亚政府正是该方面的完美落实者。澳大利亚政府 2.0 工作小组 2009 年 12 月发布了具有里程碑意义的报告《参与:接触政府 2.0》,提供了一系列建议之后,澳大利亚财政部立刻针对这一报告正式做出回应,并发布《政府对政府 2.0

---

① Australian Government Information Management Office, Australian Public Service Information and Communications Technology Strategy（2017 – 01 – 25）, http：//www. finance. gov. au / files/2013 /01/APS_ICT_Strategy.

工作组报告的回应》。随后，澳大利亚于 2010 年 7 月 16 日发布《开放政府宣言》，使得《参与：接触政府2.0》中的主要建议得到实施。以上这三个报告从建议到回应再到实施这一整套连贯的动作，丝毫不拖泥带水，非常有利于加大政策的执行力度，确保政府数据开放进程的向前推进。四是注重法律法规修订。1982 年，澳大利亚颁布《信息自由法》，为了适应时代的变迁和数据产业的日新月异，澳政府于 2010 年对该法规进行了修订，除此之外，澳大利亚也对其他的法规进行了大篇幅的修订，力求让这些法律法规能够更好地效力于政府数据开放政策的执行。五是重视隐私与安全。澳大利亚政府特别重视数据开放过程中的隐私保护，于 1988 年中央政府颁布了《隐私法》，并设立了相关组织或人员来保护隐私，澳大利亚各州政府还设立了隐私专员办公室，分布在澳大利亚首都、新南威尔士、西澳大利亚、北部地区、昆士兰等地区。同时，地方政府也积极响应中央政府的指示，颁布了一系列地方法律法规来保护隐私，防止个人信息的不当泄露，例如，新南威尔士州于 1998 年颁布的《隐私与个人信息保护法》（*The Piacy and Personal Information Protection Act 1998*）等。

2. 不足之处：通过上述的了解，澳大利亚政府在开放数据的各个方面已经做了许多工作，但在政策执行的过程中也不是一帆风顺的，也面临着许多挑战。一方面，中央政府和地方政府制定的方针政策存在既有重叠部分，又有不一致的情况，中央政府在执行过程中更多的是考虑到联邦的整体利益，而地方政府更多是从自身利益出发，这就导致当中央和地方政府出现意见不一致的情况时会出现两套评判标准，从而影响政策措施的执行力度。归根结底，这是中央和地方政府关注的问题重点不一样，对数据信息开放的标准、范围、权限等看法不一致，从而导致政策出现碎片化，这种政策的碎片化使得开放数据政策执行过程中会出现替换性执行、选择性执行、象征性执行、附加性执行等"上有政策、下有对策"的现象。将导致的结果是，地方政府在开放数据时基于地方局部利益而非国家利益来考虑，从而不利于开放数据的整体推进。① 另一方面，澳大利亚政府尚未针

---

① 陈美：《澳大利亚中央政府开放数据政策研究》，《情报杂志》2017 年第 6 期。

对开放数据制定专门的法案，现行的法律法规都不是针对数据开放政策颁布的，而是对现有的法律进行与时俱进的修订，从而没有相应的较为完整的政策来提供指导。

二　加拿大政府数据开放共享政策体系研究

（一）加拿大数据开放共享政策发展背景

2011 年，加拿大政府发布了《开放政府动议》，其国内开放数据得到持续推进，尤其是 2015 年加拿大实施开放政府框架改革后，极大地推进了加拿大的数据开放进程，常年稳居开放数据晴雨表排行榜的前列。在2013 年万维网基金会组织《开放数据晴雨表：全球报告》公布的开放数据最新排名中，加拿大政府仅位列第十；2016 年《开放数据晴雨表：全球报告》（第三版）中排名上升势头强劲，位列第四[①]；在 2017 年的《开放数据晴雨表：全球报告》（第四版）中，加拿大已从 2013 年的第十名跃居到第二名（见表4—2），这说明在短短几年时间内，加拿大对政府数据开放采取了强有力的政策措施并取得了实质性进展，这些与其配套并不断完善的政策法规是分不开的。因此，对加拿大数据开发共享政策体系进行研究，对我国构建政府数据开放政策体系有一定的借鉴意义。

表4—2　加拿大 2017 年在《开放数据晴雨表：全球报告》（第四版）中分值

单位：分

国家	项目得分					
加拿大	综合得分	全球排名	排名变化	准备阶段	实施阶段	产生影响
	90	2	上升 2 名	96	87	82

（本表系笔者根据 https：//opendatabarometer. org/网站数据整理而成，数据调查截止时间为 2020 年 6 月 14 日）

---

① 　Web Foundation，The Open Data Barometer 2013 Global Report （2014 – 01 – 08），http：//www. Open Data Research. org/dl/ odb2013/Open – Data – Barometer2013 – Global – Repot. f.

（二）加拿大数据开放共享政策体系概况

2010 年，加拿大政府发起政府数字经济战略。2011 年，加拿大政府发布《开放政府动议》，宣布开放政府动议的目标主要包括开放信息、开放数据与开放对话三个方面。由此，开放数据成为建设开放政府的三大重点之一。① 联邦政府要求向政府各部门、公民和社会组织等提供可用的机读格式的数据，满足公众对政府公开数据的诉求，以便实现数据的创新与增值利用。2014 年，加拿大联邦政府发布了《开放政府行动计划2.0》，为此要实现两个目标：第一，建立数据开放的门户平台。第二，加强加拿大联邦政府的数据资源管理。该举措使得加拿大开放数据进程得到进一步的推进。2015 年后加拿大政府基于开放政府框架进行了一系列改革，确定了加拿大在开放数据中的前沿地位，加拿大的政府开放数据得到有效的制度支持。除《开放政府动议》《开放数据宪章——加拿大行动计划》等 10 多项法规政策与指南外，2016 年制定的《开放政府合作伙伴的第三次两年计划（2016—2018）》② 既代表着加拿大政府开放数据的改革方向，也提供了最为直接与全面的指导。这份计划是要解决国际组织开放政府合作伙伴提出的四大挑战：优化公共服务；推进公共廉正；更加有效管理公共资源；提升企业责任感。以此提出 4 个路径与 22 项目标，其中 17 项目标都对开放数据做了统筹与规划③。与之前开放数据独立制订行动计划如《开放政府宪章——加拿大行动计划》不同，《开放政府合作伙伴的第三次两年计划（2016—2018）》围绕开放政府目标对开放数据、开放对话以及开放信息进行整体部署。因而，从该项计划中可看出，既有专门针对开放数据设定的目标如拓展与深化开放数据，也有开放数据、开放对话以及开放信息的协同完成的目标，例如在目标"在公共

---

① 周文泓：《加拿大联邦政府开放数据分析及其对我国的启示》，《图书情报知识》2015 年第 2 期。

② Canada Government, Third Biennial Plan to the Open Government Partnership (2017 – 09 – 15)，http：// open. cana – da. ca / en / content / third – biennial – plan – open – government – part – nership.

③ 周文泓、夏俊英：《加拿大政府开放数据的特点研究及启示》，《情报理论与实践》2018 年第 4 期。

服务中提升开放政府技能"中，就对开放数据、信息以及对话都作了相应规定。

1. 政策内容

政府数据开放的机构设置、部门职责、人员规范、开放范围、开放内容、数据保护等详细繁杂的内容，均依赖相关法规的配合，从数据开放的启动、运营到实施的细枝末节都离不开政策的指导。为此，加拿大颁布了多项法规政策，如《政府数据开放指导》作为指导性文件，就政府数据默认开放的范畴、开放格式等作出指导；而《加拿大政府数据开放许可》（Open Government Licence Canada）从公众利用的角度出发，规范了数据利用的格式等；《元数据标准》（Standard on Metadata）单纯从技术出发，规范了数据开放的标准格式。加拿大政府数据开放共享政策紧紧围绕以下内容来制定和实施。

（1）开放数据门户网站和 App 集聚平台的建立与使用。《加拿大开放政府指令》要求政府机构应当上报他们所开放的数据目录，目前这些目录已经整合上线，可在开放数据的网站上获取[①]。自开放数据成为加拿大联邦政府工作的重点项目后，联邦政府一直在尝试构建一个有利于数据更好地开放的门户网站，经历多次实践之后，终于开设了开放数据的门户网站 data. gc. ca。现有来自 20 个部门的 272000 项数据集，开放以来已有超过 10 万项数据集的下载。[②]

此外，经由加拿大开放政府许可开设的 App 集聚平台，即"App 长廊"。该平台有 75 款 App，52 款为政府开发，18 款为用户开发，5 款为加拿大开放数据体验的胜利者贡献，应用于经济、自然环境、社会文化、军事等各个领域的活动中，人们可以利用网页或者移动设备（如手机）轻松获取政府开放的数据。开放数据门户网站和 App 集聚平台作为服务平台，使得政府数据能够更好地流出释放，从根本上落实了政府数据开

---

① A. D. Asher, L. M. Duke, S. Wilson, Paths of Discovery: Comparing the Search Effectiveness of Ebsco Discovery Service, Summon, Google Scholar, and Conventional Library Resources, *College & Research Libraries*, 2013, 74（5）: 464 – 488.

② Canada Government, Apps Gallery（2017 – 09 – 15）, http: // open. canada. ca / en / apps.

放共享的要求，即实现了数据开放的整合与共享。借用信息化网络手段，满足开放规定的数据可以更好地向公众开放，联邦政府能够不受时空限制地对大众开放和提供利用，这在利用途径上真正地实现了数据的开放共享。

（2）完善数据开放共享指导。为了提升政府机构数据开放共享能力，也为加深公众对数据开放共享的了解，加拿大政府制定了通用的数据开放共享原则与指南，即《开放数据 101》①。内容包括开放数据是什么、加拿大开放数据原则、开放数据在加拿大的使用、开放数据的价值，以及开放数据与机构或社会的关系等。例如，机构可从中明确开放数据的完整性、原始性、及时性、可机读性等 10 项原则。这一举措使得公众能够对开放数据一目了然。同时，鉴于数据以不同的格式呈现，为了使用户能够充分利用数据，加拿大政府还提供了针对部分格式的数据和 API 的应用指南《使用数据和 API 工作》，为开放数据门户上部分格式的数据如何使用以及部分 API 提供了解释、提示和建议②。在这份指南中，数据方面主要提供了结构化数据（CSV，JSON，XML）和 GEO 格式数据（Geo -tiff，Shapefile）的使用说明。API 方面，说明了如何使用 CURL、浏览器插件、Java Scriptj Query、Java 来使用加拿大政府开发的 API。此外，指南还向开发者与用户展示了在数据源以及在客户端的数据缓存实例。

（3）法律法规的建立。自 20 世纪 70 年代起，加拿大联邦政府就进行了有条理的法律制度建设，这些法律法规与政策从政府、信息以及数据的开放与保护等多方面保证开放数据得以利用，价值得以开发，而又能保护相关主体的权益。例如在 1977 年任命了第一位隐私委员，以此促进保护个人的隐私权；在 1983 年出台了《信息获取法》，从法律层面规定了政府公开信息、提供信息利用的义务，使得加拿大成为首个通过颁布法律确定政府信息公开及利用义务的国家。后颁布的《信息获取政策》

---

① J. W. Ahn, P. Brusilovsky, Adaptive Visualization for Exploratory Information Retrieval, *Information Processing & Management*, 2013, 49 (5): 1139 – 1164.

② A. D. Asher, L. M. Duke, S. Wilson, Paths of Discovery: Comparing the Search Effectiveness of Ebsco Discovery Service, Summon, Google Scholar, and Conventional Library Resources, *College & Research Libraries*, 2013, 74 (5): 464 – 488.

和《信息获取法管理指导》作为《信息获取法》的补充和延伸，对机构数据开放的部门设置、工作内容、工作职责等细则作出规定；2003 年出台了《主动公开政策》，自此开始公布政府运作的相关信息，允许加拿大公民与议会更好地问责政府与公共部门人员。

2. 政策工具

加拿大政府数据开放共享政策体系中应用的政策工具主要有供给面政策工具（人才培养、科技投入、信息服务）和环境面政策工具（法规管制）。

科技投入：加拿大联邦政府一直在尝试构建一个有利于数据更好地开放的门户网站来推动政府数据开放共享，并打造了 App 集聚平台。

人才培养：早在 20 世纪 70 年代，加拿大政府为了管理数据开放中的隐私泄露问题，特地安排了专门的隐私委员；在 1983 年颁布的《信息获取政策》中规定，可以安排有足够能力的人员负责培养、管理专业人才工作。

信息服务：主要体现在数据开放共享工作的升级。加拿大着力对数据利用渠道、方式、方法等进行升级，主要表现在网站的升级、开放数据的保障政策的完善等。为了提升数据开放的优化发展，2013 年联邦政府对开放数据网站进行升级。升级后的网站引入了更多信息与通信技术的新成果，更加注重用户体验，在网页布局与功能上都有很大的优化。尤其是在新网站中融合了 Web2.0 和社交媒体的功能。网站更注重互动，用户可以上传基于开放数据设计的 App，加强了用户的参与感，用户也可就自己感兴趣的数据集及项目在社交媒体平台上分享。另外，为了让网站用户或潜在用户能够放心并积极利用开放数据，加拿大联邦政府发布了政府数据开放通行证，通行证规定了利用者的使用权利范围，并对一些数据使用前提进行解释。

法规管制：加拿大政府颁布了多部有关数据开放的法律法规，确保数据开放工作的规范和开展。如《信息获取法》《信息获取政策》《信息获取法管理指导》等。

（三）加拿大政府数据开放政策的优势和不足

优势分析：1. 注重法律的保障。这点和前面所说的澳大利亚一样。

加拿大联邦政府在开放数据的同时，十分注重法律法规的保障，1983 年颁布《信息获取法》（*Access to Information*），这比大多数国家都要领先。在相对充分法律法规与政策的支持下，开放数据有法可依、有规可循、有行动计划的具体指导，从而推动国内数据开放的快速发展。

2. 深入民心的合作理念。政府数据的开放不是政府一方面的事，也关系到社会大众。开放数据也不是一国之内的事务，随着当今世界全球化的深入及互联网大数据技术的高速发展，开放数据早已涉及全世界。从加拿大联邦政府的开放数据中可以看出，加拿大联邦政府就特别注重和他方合作：第一，注重国际合作。加拿大既是开放政府联盟的成员国，也是签署《开放数据宪章》的 G8 集团成员国之一。第二，注重国内政府合作。由于加拿大是联邦制国家，联邦政府与各省市级政府是相对独立的，但是十分注重中央和地方在数据开放中的合作共赢。第三，注重与社会大众合作。鼓励公民参与问责，支持政府和社会的互动。

3. 注重权衡数据开放和数据保护。加拿大联邦政府开放数据遵循着默认开放的原则，看似是尽可能地开放数据，实则不是。加拿大联邦政府也担心数据的安全问题，因而设置了一定的限制条件。从表面上看，这限制了数据的开放与利用。实际上，这是从另一方面推进数据的开放与利用。开放数据的目的是促进政府的透明与可问责，提升经济发展与创新水平，因而，注重部分数据的安全与保密而限制开放同样是必要的。就是因为权衡好了数据开放和数据保护这两方面的利益，使得加拿大开放数据过程中鲜少出现安全问题。

4. 技术应用的支持。从上文可以看到，加拿大为了更好地开放数据，建立了开放数据门户网站和 App 集聚平台等，加拿大联邦政府的开放数据多角度地应用了先进的信息与通信等技术，这些技术都不同程度地提升了开放程度、用户体验以及开放效果等。

不足之处：1. 开放水平不平衡。从加拿大联邦政府公布的统计报告及各部门开放数据集的统计报告来看，不同部门的开放数据水平有着很大的差异，自然资源部门、统计部门、农业和农产品部门分别开放了 201、245、5737、1787 项的数据集，占了开放数据集总量的 99.6%。反之，司法部门、金融交易和报告分析中心等 11 个部门都只开放了 1 项数据集。① 造成这种差别的原因，一方面，部门的性质不同造成不平衡，有些部门可开放数据较多，而有些部门涉及隐私可开放数据较少；另一方面，各部门对开放政府与开放数据的执行力度有差别。

2. 开放进程有待加快。尽管加拿大的开放数据在世界上也处于相对领先的水平，但与美、英等国的开放数据对比，加拿大政府的开放数据的不足之处就比较突出，主要体现为：第一，加拿大目前的开放数据的利用程度不够，尤其是商业利用方面比较薄弱，使得数据更深层的价值未被发掘出来；第二，对比同样属于开放数据联盟和 G8 集团的英、美等国，加拿大在政策与行动计划乃至执行方面相对落后。

三　美国政府数据开放共享政策体系研究

全球开放数据运动始于美国。2009 年 1 月，美国总统奥巴马签署了《开放透明政府备忘录》，要求建立更加开放透明、参与、合作的政府，体现了美国政府对开放数据的重视。同年，数据门户网站 Data. gov 上线，美国联邦行政管理和预算局（OMB）向白宫提交了《开放政府令》获批准，全球开放数据运动由此展开。

（一）美国数据开放共享政策发展背景

美国是开放政府数据最早的国家之一，1966 年的《信息自由法》（*The Freedom of Information Act*，FOIA）奠定了美国政府数据开放的基础，明确对政府信息资源的获取和利用是公民的权利。自 2008 年奥巴马总统上任以来，美国政府加快了数据开放的脚步。2009 年率先发布了《开放和透明政府》《开放政府指令》等政策，政府数据开放取得了积极的成效。在 2017 年《开放数据晴雨表：全球报告》（第四版）中，美国排名虽然较之前下降 2 位，综合得分 82 分，但仍位居全球第四② （见表 4—3）。自奥巴马政府开创重要数据开放门户的 Data. gov 网站以来，截至 2016 年 10 月 6 日，76 个联邦机构（及其下属机构）发布了数量总计为

---

① Open Data Portal Open Data（2014 – 11 – 08），http：//open. canada. ca/en.
② 王晶：《美国政府数据开放政策最新进展及启示》，《信息通信技术与政策》2019 年第 9 期。

145131 个的数据集①；再加上其他发布者，14 个主题下发布的数据量总共为 189913 个数据集。美国政府数据开放历程久，配套政策体系完善，全球排名靠前，其数据开放经验对于我国政府数据开放的政策制定与实践而言，具有较高的参考价值。

表4—3　美国 2017 年在《开放数据晴雨表：全球报告》（第四版）中分值

单位：分

国家	项目得分					
美国	综合得分	全球排名	排名变化	准备阶段	实施阶段	产生影响
	82	4	下降 2 名	96	71	80

（本表系笔者根据 https：//open data barometer. org/网站数据整理而成，数据调查截止时间为 2020 年 6 月 14 日）

（二）美国数据开放共享政策体系概况

美国政府数据开放专门设置了信息政策办公室（The Office of Information Policy）和总务管理局（General Services Administration）两个机构进行管理。信息政策办公室主要负责有关政策及法规的制定，并向各机构执行数据开放提出建议和指导，督促所有机构遵守信息公开法，该办公室还负责为所有机构提供有关信息自由法管理的法律和政策咨询。总务管理局通过下属的公民服务与创新技术办公室（Office of Citizen Service and Innovative Technology）（它是联邦政府向公众提供信息和服务的主要机构，它有助于改善向公众提供的信息和服务，主要职责包括客户体验、云安全、数据服务、智能 IT 技术、开放式创新五个方面）建设和维护集成性政府数据开放平台 Data. gov，统一发布各种有效数据。各个机构内部数据的开发挖掘和发布则由各自的信息资源管理部门负责，其人员与岗位设置也由该机构自行决定。

---

①　Federal Agency Participation（2016 - 10 - 06），https：// www. data. gov / metrics.

1. 政策内容

美国国家层面政府数据开放共享的政策主要围绕数据开放法律、数据开放政策的构建、地方门户网站建立等方面制定。

数据开放法律保障方面。为了保障群众能更好地获取政府数据信息的权利，20 世纪 60 年代，美国政府数据开放立法工作开始启动，接连颁布多部数据开放政策与法规。1966 年颁布了《信息自由法》，1974 年颁布了《隐私权法》，1976 年制定了《阳光下的政府法案》(Government in the Sunshine Act)，开创了政府开放公共数据的先河。以《阳光下的政府法案》为例，该法案规定要将政府行政暴露在阳光下，使得人民能够全面有效地监督政府，促进政府执政的公平性和公开性。在《阳光下的政府法案》的界定下，政府数据开放的目的在于提高政府运行的透明度，让公民清楚知晓政府的行为，而不是在与政府职责无足够关联时公开公民的重要隐私。就此，公共记录法案给出了公共记录与个人信息间的界定，即是否与政府事业有直接关系。该法案颁布后，确定了可供公开的政府数据类别——公共记录，各地方政府都很重视政府开放工作，美国 50 个州都相应制定各自的《公共记录法》①。出于对政府工作的监管，该法案允许公民向州政府及当地政府部门索取各类与政府事业直接相关的公共数据文件。

除了重视对国家层面法律法规的建立来保障数据开放之外，美国政府非常重视法律的修订以保证适用于政府数据开放的发展，例如在 1974 年至 2007 年，对《信息自由法》进行了 6 次修正和完善，其中有 9 类信息被列入非公开信息名单之中，包括国防外交秘密文件、行政机构内部工作系统文件、商业机密、公民隐私数据、金融机构信息等②。由此可见，美国政府在开放数据的同时，十分注重数据保护和防泄露的工作，严格管理重要数据，防止泄露出会危及国家和人民利益的重要信息。

① 白献阳：《美国政府数据开放政策体系研究》，《图书馆学研究》2018 年第 2 期。

② 陆健英、郑磊、Sharon S. Dawes：《美国的政府数据开放：历史、进展与启示》，《电子政务》2013 年第 6 期。

2010 年 3 月出台的"M－11－02 隐私保护指令（Sharing Data While Protecting Privacy）"，要求开放数据过程中要注意对个人隐私权的保护，防止个人重要信息的不法流出；2010 年 11 月发布的"13556 号执行命令（Controlled Unclassified Information）"建立了管理需要保护但未涉密信息的标准化流程；2012 年 5 月发布的"数字政府：建设 21 世纪平台以服务美国人民（Digital Government：Building a 21st Century Platform to Better Serve the American People）"，要求政府各机构将所持有的数据换成易开放的数字化形态；在 2017 年正式出台的《美国国家安全战略》中，明确提出要重视提高数据保护能力，并强调要利用好数据的力量促进美国的繁荣[1]。同时，美国在国际方面也在不断倡导数据的全球开放与跨境自由流通。例如 2018 年 9 月，美国政府在颁布的《国家网络战略》中明确强调要"促进数据的跨境自由流通，打击境外竞争者窃取美国机密商业信息"[2]。可以看出：美国在倡导政府数据开放时既强调政府要最大限度地向公众提供数据资源，让公民充分利用开放的数据创造社会和经济价值，促进美国的经济社会繁荣，同时也强调"有限性开放数据"，确保重要数据信息的安全，从而维护美国国家整体的利益。

数据开放政策的构建。随着奥巴马政府上台，美国联邦政府更加重视政府数据开放工作的推进，美国白宫陆续颁布相关政策。2009 年 1 月，奥巴马总统以《透明与公开政府备忘录》（Memorandum on Transparency and Open Government）开启了美国政府数据开放的篇章，其中提到"政府以及行政管理机构应当充分借助新的技术手段在线公开有关决策和运行的情况，以便公众随时获取"；2009 年 3 月出台的"新信息自由法案指导条例（Freedom of Information Act）"要求根据开放政府备忘录进行修改，增强其可行性。

2009 年 12 月出台的"M－10－06 开放政府指令（Open Government

---

① The White House, National Security Strategy, http：//nssarchive. us /wp － content /uploads /2017 /12 /2017.

② The White House, National Cyber Strategy of the United States of America, https：// www. whitehouse. gov/.

Directive)"①，首次明确提及数据层面的开放；旨在通过全方位开放政府数据满足公众想要获取政府信息的需求，增强公民对政府的信任，进一步推动民主参与和协同治理水平的提升。

2012 年 5 月，奥巴马以"建设 21 世纪数字政府"为主题发表总统备忘录，提到了首席信息官起草的《数字政府：建设 21 世纪平台以服务美国人民》战略，发布了一个 12 周的路线图，并首次提出采取一些新标准实现政府数据机器可读，即要求所开放数据转化为更易开放的形态。

2013 年 5 月，总统办公室与预算办公室联合下发备忘录《开放数据政策——将信息作为资产管理》(Open Data Policy—Managing Information as an Asset)，在此备忘录中提出了开放数据的 7 个原则，即公共的、可获得的、可表述的、可再次使用的、完整的、及时的与发布后可管理的，对开放数据的质量、数据的可操作性提出全面的要求，同时还明确了政府促进数据有效发布的责任和角色。

2014 年 5 月，美国政府紧接着发布《美国开放数据行动计划》(U. S. Open Data Action Plan)，对数据开放工作进行了全面总结，提出了改进与完善的方案，做出 4 条重要承诺，包括承诺以可发现的、机器可读的、有用的方式开放数据，承诺与公共和私人组织合作对开放的数据进行优化，承诺基于反馈改善开放的数据质量，承诺继续发布和提升高质量的数据。在政府建立法律法规助力数据开放的基础之上，美国政府数据开放的程度和范围达到了前所未有的水平。可以看出在这一阶段，美国政府重视数据开放的形式和质量，对数据开放的质量形成了主体框架，成为后续推动政府数据深入开放的指引。

2016 年 12 月，美国参议院通过了《开放政府数据法案》(Open Government Data. Act) 的提案，旨在扩大政府对数据的使用和管理。法案中提到要最大化联邦政府数据的使用，还强调了政府数据默认开放的原则，指出在数据开放政府下，如无其他规定，政府数据资源应当处于开放和可机读的状态。该法案还明确了数据开放范围、数据格式要求、主要执

---

① OMB Memorandum M – 10 – 06, Open Government Directive (Dec. 8, 2009) (2016 – 04 – 03), http：//www. whitehouse. gov.

行机构的责任，以便数据能尽可能方便地获取并与该方案准许的数据标准保持一致。这些具体而明确的要求都提升了美国政府对数据管理的有效性。

地方门户网站建立。2009 年 12 月，《开放政府指令》由总统办公室与预算办公室共同发布，要求各部门各机构在 2009 年 5 月创建的数据网站（Data. gov）上传首批可供公众获取的数据。这是美国政府首次创建开放数据的政府网站，并把政府专用数据向社会开放。奥巴马政府强调要使用公民容易理解的方式和新媒体技术迅速公开数据，这扩大了公民的参与度，很多地方政府因此积极公开政府信息并征求民意。美国首席信息官委员会与电子政务与信息技术办公室（OMB 内设机构）建立了数据开放门户网站（Data. gov），并由美国总务管理局进行管理①。该平台的出彩点在于高效地将原来已经公开的，但是分散在联邦各个部门或机构网站上的数据统一提供了一个托管平台。这样的做法，使得数据的开放流出是在一个国家统一的平台上进行，从而保证开放更加高效安全且具有权威性，同时集中开放也降低了管理成本，并且能够有效地防范利用数据进行违法犯罪的行为。（Data. gov）是开放政府指令当中最重要的一环，它意在提高公众搜索联邦数据的能力，开放数据工具有利于数据获得者处理与使用数据。从 2013 年开始，（Data. gov）开始使用综合型知识存储网络（CKAN）框架，从而推动了美国政府数据开放的历史进程，使得开放技术更加娴熟高效。除在国家数据门户网站上整合了部分州、地方政府的数据集外，美国还有 40 个州、44 个县市建立了单独的数据开放门户网站。例如纽约州于 2013 年上线了自己的开放数据平台 NYC Open Data，该网站开放发布了上百个数据集、地图集和文档库。费城则是美国另一个大力推动开放数据的城市，它也有自己的门户开放网站②。

---

① 余丽、张涛：《美国数据有限性开放政策及其对全球网络安全的影响》，《郑州大学学报》（哲学社会科学版）2019 年第 5 期。
② 周志峰、黄如花：《国外政府开放数据门户服务功能探析》，《情报杂志》2013 年第 3 期。

2. 政策工具

美国政府数据开放共享所应用到的政策工具主要有供给面政策工具（人才培养、科技投入）和环境面政策工具（法规管制）。

人才培养：美国联邦政府积极提倡科学政府数据开放共享政策，为了推进数据开放共享的科学性和有序性，加大投资，鼓励专业人才制定数据开放共享的管理机制并给予奖励。

科技投入：美国对于建设科学数据共享环境保持长期稳定的投资，在联邦政府预算中设立专项。美国自 1993 年起每年科学数据开放共享方面的投资呈递增状态①，充分保证科学数据开放共享。科研项目通过政府投资，按照申报、立项、审批、验收等数字化管理，保证各种不同的数据类型汇集和开放，提升科学数据开放质量及管理效率。

法规管制：美国联邦政府设立多部法律法规来规范数据开放共享，例如在 2016 年 5 月，美国参议院和众议院分别通过了《开放政府数据法案》的提案，旨在扩大政府对数据的使用和管理，以便增强信息透明度并提高政府管理的有效性。

第二节　国外政府数据开放共享政策的启示和借鉴

本章第一节中，笔者对澳大利亚、加拿大和美国政府数据开放共享政策发展的背景、基本政策内容、政策工具进行了分析，通过比较几个国家的政策文本梳理和概括，总结出 3 个国家在制定和实施政策数据开放共享方面的先进经验，概括出他们的政策体系中一些共性要素，以期对我国构建科学的数据开放共享政策体系起到启示和借鉴效用，进而推动我国政府数据开放工作的整体进程。

为与本书第五章《我国政府数据开放共享政策体系的框架》对应，本节采用"纵向 + 横向"两个方面进行政策体系研究借鉴，"纵向"即政

---

① 刘闯：《美国国有科学数据共享管理机制及对我国的启示》，《中国基础科学》2003 年第 1 期。

策体系的宏观（中央层面/联邦政府）、中观（省级层面/州政府）、微观（地市级政府或职能部门层面/州职能部门）；"横向"指政策体系内部框架：包括主客体、政策环境、政策内容、政策工具等。

一　纵向层面

（一）重视数据开放政策的法律保障，制定宏观到微观数据开放法律法规

通过对澳大利亚、加拿大、美国3个国家政府数据开放政策体系研究，笔者发现各国从宏观到微观均有完善的数据开放共享方面的法律法规，积极采用了成文立法和政策保障双重工具来推进政府开放数据，以法规形式保障公民的数据权、规制政府开放数据原则及范围，循序渐进地引导和支持开放数据运动，使政府开放数据能够得到法律保障并成为构建开放政府数据政策的重要基础。同时，法律也赋予社会公众获取政府数据信息的权利，鼓励公民积极参与政治生活，这成为各国开放数据政策最核心的部分。

1. 宏观层面：美国、澳大利亚等国家均有成文的《信息自由法案》，保证公民获取信息的基本权利。澳大利亚1988年的《隐私法》（*Privacy Act 1988*）、2012年的《隐私修正（提高国民隐私保护）法》。加拿大1983年的《信息获取法》，在此基础上补充了《信息获取政策》和《信息获取法管理指导》，并且政府数据开放多项政策法规都进行过多次完善修订，如《信息获取法》和《信息获取法管理指导》等法案均在2016年进行了再版，能够适应现状需求与发展趋势。美国1966年的《信息自由法》、2016年的《开放政府数据法案》（*Open Government Data Act*）。2019年正式实施的《开放的、公开的、电子化的及必要的政府数据法》（*the Open，Public，Electronic，and Necessary Government Data Act*）等法律法规，使政府数据开放适应技术演进的需要，达到高效数据开放和治理的目的。

2. 中观和微观层面：澳大利亚新南威尔士州于1998年颁布《隐私与个人信息保护法》，该法允许公众对新南威尔士州政府或地方政府机构在

开放数据信息的同时滥用个人信息提出投诉；昆士兰州在 2009 年颁布的《信息隐私法》，也对政府开放数据过程中重要隐私的保护作出了规定。此外，美国的 50 个州都有制定各自的《公共记录法》。该法案确定了可供公开的政府数据类别——公共记录。出于对政府工作的监管，该法案允许公民向州政府及当地政府部门索取各类与政府事业直接相关的公共数据文件①。

　　结合我国现实情况来看，我国 2007 年颁布的《政府信息公开条例》、2015 年《促进大数据发展行动纲要》、2016 年颁布的《国家信息化发展战略纲要》《关于全面推进政务公开的意见》《政务信息资源共享管理暂行办法》等至今仅停留在法规层面，不具有法律效力，无论是在执行力还是对象上，都不能给予开放数据有力的支持。此外，我国开放数据政策只是零星穿插在其他文件当中，尚不具有中央层面统一的政策。因此，我国要想在政府数据开放的实践上有"质"的飞跃，应建立与健全开放数据的相关立法，政府要通过制定国家层面的战略目标，搞好顶层设计，出台国家层面的法律，才能推动我国政府开放数据的向前发展，为政府数据开放提供保障。地方层面也应该根据国家战略要求，配套制定适合本地数据开放共享的法律法规，目前从全国来看，浙江省、贵州省、福建省等省政府，贵阳市、福州市、南昌市等市政府发布了关于公共数据共享的政策法规、暂行文件、开放标准或管理方法，将政府数据作为公共资源共享的重要内容，其他地方政府应加快法规制定和出台的步伐。

（二）设立专门的不同层级的政府数据开放负责机构

　　设立数据开放的专门机构部门，属于数据开放政策的一项专项措施，澳大利亚、加拿大、美国为了更好地落实政府数据开放政策的执行，都纷纷设立了主要负责的机构，这些部门在数据开放过程中都发挥着重要作用。

　　例如澳大利亚政府为了数据开放工作专门设立了多个机构和部门。

---

　　① J. Brobst, Reverse Sunshine in the Digital Wild Frontier: Protecting Individual Privacy against Public Records Requests for Government Databases, *Northern Kentucky Law Review*, 2015 (42): 191 – 549.

澳大利亚政府信息管理办公室（Australian Government Information Management Office，AGIMO），负责政府信息公开，尤其是各政府相关的网络建设、管理和协调工作；国防通讯局（Australian Signals Directorate，ASD）负责澳大利亚政府的数据开放安全政策，设置其管辖的政府信息和通信技术系统的安全性，并向政府机构提供指导①。

美国总务管理局下设的公民服务与创新技术办公室（Office of Citizen Services and Technology，OCST），该机构主要负责联邦政府向公众提供信息和服务，主要职责包括云安全、客户体验、数据服务、开放式创新、智能 IT 技术等方面。同时，美国还通过多种方式向消费者提供公共信息和服务，也与其他联邦机构密切合作，以确保政府数据向公众开放。

加拿大国库委员会秘书局统筹协调政府数据开放②。还建立了开放数据交换中心（Canadian Open Data Exchange，ODX），作为一个国家机构，ODX 主要致力于增强加拿大技术力量和加速数据的商业化。③ 加拿大建立了多层级的政府开放数据管理机构，从全国性的信息专员办公室，到各机构内部的数据开放管理部门。多层级的管理架构保障了法规政策的顺利实施，是其政府开放执行力的重要保障。

中国可借鉴加拿大多层式的数据开放管理架构，在国务院的领导下建立监管机制，设立专门工作小组，监督各级政府和机构数据开放工作，审查数据开放及更新情况，接受相关投诉并在规定时间内完成调查处理，保障中国的数据开放进入良性循环。中国许多地方政府都建立了大数据机构和开放平台。这种多层式管理架构也可避免建设时如火如荼，使用时无人问津的情况出现。

（三）从联邦政府到州政府均建立数据开放门户网站

随着信息时代的来临，大数据技术的高速发展，各个国家在进行数

---

① Canada's Action Plan on Open Government 2014 – 16 （2016 – 05 – 03），http：//open. canada. ca/en.

② 鲍静、贾凌民等：《我国政府数据开放顶层设计研究》，《中国行政管理》2016 年第 11 期。

③ Open Data Essnetials（2016 – 04 – 27），http：// opendatatoolkit. worldbank. org/en/essentials. html.

据开放的同时，也注重借助信息技术，专门建立了数据开放门户网站。

加拿大政府的开放数据门户在 2011 年上线，2014 年年底做了改版，统一到开放政府门户中将内容简约化。改版后，它的开放数据门户分为两块。一块是综合开放门户，用于发布与共享加拿大政府已开放的数据，提供多种分类与检索路径①；另一块是专业性数据的开放门户，用于查询与获取加拿大的地理空间信息②。美国政府的数据开放门户网站（Data. gov）由美国总务管理局对其进行管理③。（Data. gov）将已经公开但又分散在联邦各个部门或机构网站上的数据统一到该门户网站上，美国有 40 个州、44 个县市均建立了单独的数据开放门户网站。

随着大数据、云计算等新的信息技术的高速迅猛发展，政府、企业、个人用户对数据的需求大大增加。澳大利亚、美国、加拿大等发达国家都在利用网络来收集整理海量的数据，通过对这些数据的处理运用，为其创造了巨量的经济价值。对于这些国家来说，基本都有一个国家级别的一站式的数据开放平台。而我国现阶段尚未建立国家级别的政府数据开放平台。一站式的开放平台可以涵盖各行各业的数据资源，还可以链接下属的地方数据平台，这样可以方便用户在种类和数量上最全面的数据库中检索数据信息，方便进行数据对比分析。同时，建立国家级别的政府数据开放平台，还可以统一规范数据的格式等，为下属各级政府数据开放平台提供标准规范，这样有利于对数据信息进行收集、统计、分析，同时有一套统一的标准规范还可以提高政府的工作效率，减少了各个部门机构之间进行数据交流共享中因标准的不同而产生多余的工作量。

另外，地方政府要加快对政府门户网站进行建设，统一国家和地方标准，加快与省级政府、中央政府进行数据端口的对接，消除部门之间

---

① Canada Government, Open Government Portal（2017 – 09 – 15），http：//open. Canada. ca/data/en/dataset.

② Canada Government, Open maps（2017 – 09 – 15），http：//open. Canada. ca/en/.

③ 刘增明、贾一苇：《美国政府 Data. gov 和 Apps. gov 的经验与启示》，《电子政务》2011 年第 4 期。

的数据壁垒，使政府数据真正能为民所用、物尽其用。

（四）重视数据开放过程中的安全防护和隐私泄露

数据开放必然会产生信息泄露的安全隐患，尤其是国家机密文件和个人信息的泄露的问题尤为重大。上面分析的几个国家高度重视数据安全防护，防止数据隐私泄露，纷纷采取措施加以防范。例如澳大利亚法律改革委员会（Australian Law Reform Commission，ALRC）于 2009 年 12 月发布《澳大利亚保密法和开放政府》①，力图确保保密条款能发挥合适作用，有效防止政府数据开放过程中重要信息的泄露。澳大利亚信息专员办公室于 2015 年发布了《隐私管理框架》，目的是协助私营和公有部门履行澳大利亚隐私原则中规定的隐私义务，在组织文化中加强隐私文化的培育；建立一个完善的隐私实践案例、程序和系统；评估隐私处理的有效性；提高隐私问题回应度②。再来看美国，从国家开放政府数据政策实施以来，为了应对开放政府数据对隐私保护带来的挑战，美国也在积极推动相关政策变革，在政策中突出对个人隐私数据的判定和保护，积极平衡开放政府数据和保护个人隐私这架天平，为此出台多项法律法规和政策文件，法律法规有 1974 年的《隐私权法》、1977 年的《阳光下的政府法案》等，政策文件有 2003 年的《隐私泄露影响评估指南》和 2013 年的《开放数据政策：管理作为资产的信息》等，作为世界上最早提出隐私权概念以及最早建立保护隐私权的法律制度的国家——美国——在全球政府数据开放的实践中，确实给其他国家留下了宝贵的学习经验。

政府开放数据，需要国家从上至下各部门做出缜密的构思、合理的框架以及详细的执行计划，这本身就是一个漫长的过程。随着社会发展、需求改变、政府转型、技术和数据变化等多种因素的不断演变，开放数据这项工作更需要与时俱进。因此，针对数据开放，我们要做好打持久

---

① Australian Law Reform Commission, Secrecy Laws and Open Government in Australia (2017 – 01 – 19)，http：//obervgo. uquebec. ca /observgo /fichiers /80533 _GRI1.

② Privacy Management Framework：Enabling Compliance and Encouraging Practice (2017 – 04 – 10)，https：//www. oaic. gov. au/.

战的准备。由于各国在政治体制、行政制度、经济发展水平、社会需求等方面存在差异，因而，各国政府构建数据开放体系和开放数据的方式也不能照搬别国经验。就我国目前形势而言，政府开放数据进程起步较晚、技术不成熟，需要改进的地方较多，需要结合我国的实际情况，了解我国政府的数据现状、需求状况、法律法规的支持情况和政府运作的方式等，这样才能从根本上为我国开放数据提供具体的实施计划，使开放数据工作的开展得以顺利进行，目标得以实现。

二　横向层面

从横向来看，我们主要从政策主体、政策内容、政策工具等方面来总结上述三个国家先进经验，为我国地方政府数据开放共享政策体系的不断完善提供借鉴参考。

（一）政策主体责任明确

澳大利亚、加拿大和美国政策制定的主体都是以中央政府或联邦政府为主，中央带动地方政府，积极推进政府数据开放进程。例如澳大利亚政府数据开放共享涉及了多个机构，主要机构包括信息专员办公室、政府信息管理办公室、总理内阁部、总检察院、国家档案馆、统计局及国防通讯局等，各个部门机构各司其职；加拿大政府成立开放数据交换中心（Canadian Open Data Exchange，ODX）。作为一个国家机构，ODX致力于增强加拿大技术力量和加速数据的商业化。同时，该国还成立信息专员办公室作为政府数据开放监管机构；美国政府为数据开放专门设置了信息政策办公室（The Office of Information Policy）、总务管理局（General Services Administration）两个机构。信息政策办公室主要职责是制定相关的政策及法规，并向各机构执行数据开放提出建议和指导。而总务管理局通过下属的公民服务与创新技术办公室（Office of Citizen Service and In-novative Technology）建设和维护集成性政府数据开放平台Data. gov，统一发布各种有效数据。两个机构各司其职，共同促进政府数据开放共享的发展。

（二）政策内容涵盖面广

澳大利亚、加拿大和美国的政策内容都是充分考虑到多方面因素而制定的不同层面的政策。制定者对政策内容的规定详略各异，但总体上坚持全面开放的基本理念：实施非歧视性访问，将限制性获取降至最低限度，使科学数据尽可能迅速广泛地传播，增加科学数据的附加值。以此为行动指导制定的政策内容呈现出较为务实的特点。

澳大利亚政府数据开放的政策内容包含具体出台的政府数据开放政策、个人隐私保护、法规设立、人才培养等方面。

加拿大颁布了多项法规政策，政策内容覆盖面广，如《信息获取法》对加拿大政府数据开放所包括的机构范围、数据开放和数据保护的对象作出规定；《信息获取政策》和《信息获取法管理指导》对机构数据开放的部门设置、工作内容、工作职责等细则作出规定；《政府数据开放指导》作为指导性文件，就政府数据默认开放的范畴、开放格式等作出指导；而《加拿大政府数据开放许可》从公众利用的角度出发，规范了数据利用的格式等；《元数据标准》单纯从技术上出发，规范了数据开放的标准格式。

美国完备的数据开放政策体系涵盖了权利保障、数据收集、数据发布、数据质量和隐私安全。

权利保障方面：1966 年颁布的《信息自由法》规定了联邦政府信息资源公开和获取的基本框架和程序，保障了公民获取和利用政府信息资源的权利；2007 年的《开放政府法》信息公开的主体范围进一步扩大，为政府数据开放所需数据来源提供了更多的可靠来源①。2009 年奥巴马签署的《信息自由法案备忘录》② 在为美国数据的深度开放奠定了基础的同时，切实保障了美国公民获取更全面政府数据的权利。数据收集方面：美国国会 1980 年颁布的《文书削减法》规定，所有联邦政府机构必须在得到行政管理预算局（Office of Management and Budget）批准之后，才能向社会公众收集数据和信息；1998 年，该法修订成为《政府文书消除

---

①　Open Government Act of 2007（2015 - 02 - 10），https：//www. govtrack. us / congress / bills /110/s2488/text.

②　Freedom of Information Act（2009）（2015 - 02 - 10），https：// www. white-house. gov/.

法》，其中规范了政府机关电子文件、电子签章的使用及效力。这些法案的通过减少了信息及数据收集过程中烦琐流程，提高了数据的收集效率。数据发布方面：《开放数据政策——将信息作为资产进行管理》① 详细提出了政府数据开放的政策要求和实施策略，如：数据格式要机器可读、开放、标准以及开放协议和元数据的要求，数据目录的设立方式等，保证了政府数据的有效发布和利用。数据质量方面：除 1998 年修订通过的《文书削减法》提出数据要有可靠性和质量性外，2002 年生效的《数据质量法》《A－130：联邦信息资源管理政策》《政府信息的默认形式就是开放和机器可读》和《开放数据政策——将信息作为资产进行管理》中的政府数据全生命周期管理保障了开放数据的可及性、完整性、机器可读性和及时性，有助于提高政府开放数据质量。隐私安全方面在本章前面已有介绍，在此不作累述。

（三）政策工具运用恰当

根据罗斯威尔（Rothwell）和赛格菲尔德（Zegveld）对政策工具的分类方法，澳大利亚、加拿大和美国政府数据共享政策工具主要集中在供给面政策工具中的人才培养、科技投入和信息服务，以及环境面政策工具中的技术标准、法规管制和目标规划。政策工具运用恰当，对于政策体系的完善有较大的推动作用。

譬如人才培养方面，澳大利亚、加拿大和美国政府不仅重视数据开放机构部门的设立和相关政策制度的完善，还很重视相关专业人才的培养，设立专门的数据中心，促成政府部门与大专院校合作培养数据分析技术专家，强化政府数据开放人才储备，为政府数据开放共享提供强有力的支持。如澳大利亚政府将人才培养纳入大数据战略规划层面，其政府信息管理办公室（AGIMO）一方面加快促进政府部门与大专院校合作培养分析技术专家，另一方面将各类大数据分析技术纳入现行教育课程

---

① Open Data Policy – managing Information as an Asset（2016－08－15），https：// www. whitehouse. gov/.

中，强化政府数据开放人才储备①。加拿大政府安排隐私委员管理数据开放中的隐私泄露问题，在《信息获取政策》中规定培养专业人才管理信息工作。美国则是鼓励专业人才制定数据开放共享的管理机制并给予奖励。法规管制方面，澳大利亚、加拿大、美国均采用了成文立法和政策保障双重工具来推进政府开放数据，以法规形式保障公民的数据权、规制政府开放数据原则及范围，循序渐进地引导和支持开放数据运动。科技投入方面，美国自 1993 年起，每年科学数据开放共享方面的投资呈递增状态②。加拿大联邦政府一直在尝试构建一个有利于数据更好地开放的门户网站来推动政府数据开放共享，并打造了 App 集聚平台。信息服务方面：加拿大着力对数据利用渠道、方式、方法等方面进行升级。

　　在工具使用上，我国应结合本国数据开放共享发展现状，借鉴发达国家的经验，结合本国国情，因地制宜地采用恰当的政策工具，实现数据开放共享政策执行的目标。如人才培养方面，我们在本科阶段的课程鲜少涉及，我们应该及时加强大数据研究人才的培养和引进，将各类大数据分析技术纳入现行教育课程中，建立健全多层次、多类型的政府数据开放共享人才培养体系，这是我国政府数据开放发展历程中的长期任务。

　　综上所述，通过从纵横两个层面对国外数据开放政策完善程度较高的国家进行分析，我们收获到不少的优秀经验，我国构建地方政府数据开放政策体系还需要不断积累和学习，才能全方位地推动地方政府数据开放工作进程，丰富和完善政府数据开放的政策体系。

---

　　① Australian Government Information Management Office, The Australian Public Service Big Data Strategy: Improved Understanding Through Enhanced Data – analytics Capability Strategy Report (2016 – 04 – 20), http://www.finance.gov.au/sites/default/files/Big – Data – Strategy.pdf.

　　② 刘闯：《美国国有科学数据共享管理机制及对我国的启示》，《中国基础科学》2003 年第 1 期。

第 五 章

我国政府数据开放共享政策体系的框架

在政府数据开放共享过程中，国家从宏观层面多次提到要推动公共数据资源的开放，加快推进跨部门数据资源共享共用，改进公共数据采集、整合、分析和利用。由于政府数据开放共享涉及较多复杂的问题，随着数据开放共享向深度和广度发展，完善的政策体系需求变得更加迫切。政策的颁布为政府数据开放及平台建设提供了发展方向和指南，而相关政策体系的完善则可以凭借其特有的强制力推进政府数据开放共享工作，为政府数据开放共享提供坚实的保障。[①]

第一节　数据开放共享政策体系的特点

政策体系是指不同政策单元之间和同一政策内部不同要素之间的关联性及其与社会环境相互作用而形成的系统。政策体系是一个有机的整体，一般而言，政策体系具有如下几个特点：一是整体性，政策体系是一个有机的整体，这是政策体系首要的基本特点。二是相关性，是指政策系统内部以及系统与环境之间的相互依存性质。三是层次性，从纵向结构看，政策体系可分为宏观、中观、微观等级。宏观政策体系指的是中央政府及职能部门制定的一系列指导政策集合；中观政策体系指省级政府及职能部门制定的一系列支持政策集合；微观政策体系指地市级政

---

① 莫富传：《贵阳市政府数据开放共享体系研究》，《图书情报研究》2019 年第 2 期。

府及职能部门制定的一系列实践政策集合。宏观政策是中观和微观政策的基础和指南，中观和微观政策是对宏观政策的具体化。从横向结构上看，政策体系内部分为不同类别的子系统，如政策环境、政策内容、政策工具等，它们之间相互补充、配合、协调，使政策体系得以保持自身的有机整体性。四是有序开放性，这是政策运行状态的特征之一。有序性体现了政策体系的结构和运动按照一定秩序有规则地进行。开放性体现了政策体系与社会环境之间的关系。

构建科学的地方政府数据开放政策体系必须把握事物的自身特点及其发展规律，充分了解地方政府数据开放的特点，这样才能有助于我们更好地构建与其相关的政策体系。通过分析和总结，我们可以将地方政府数据开放体系的特点归纳为以下几个方面：第一，政策环境的复杂性；第二，政策主体的多元性；第三，政策客体的广泛性；第四，政策制度的创新性和灵活性。

一　政策环境的复杂性

政策是环境的产物，受到自然和社会的各种因素制约和影响。离开了政策得以产生的外部环境，就不可能对其进行分析和研究。根据系统论，对政策行动的要求产生于环境中存在的问题和冲突，并由利益集团、官员以及其他政策行动者传递到政治系统；与此同时，环境限制和制约着决策者的行动。[①] 政策系统与政策环境相互影响、相互作用。就其关系而言，政策环境决定和制约政策系统，起着主导作用；政策系统反过来会改善和塑造政策环境，具有反作用。

了解政策环境的复杂性，首先要对"政策环境"有基本认知，政策环境是政策出台和发展所必须要事先考量的重要因素。所谓政策环境，是指影响政策产生、存在和发展的一切因素的总和。从系统论的角度看，凡是对政策产生作用和影响的因素皆可归为政策环境。政策环境的复杂性主要源于其构成因素的多样性和复杂性。安德森对政策环境进行了宽

[①]　E. James. Anderson, *Public Policy Making: An Introduction*, Boston: Houghton Mifflin Company, 2003: 38.

泛的划分，认为政策环境包括地理因素（气候、自然资源、地形）、人口
变量（人口规模、年龄分布、种族构成、空间分布）、政治文化、社会结
构和经济体制。我国学者陈庆云认为：政策环境分为一般环境和工作环
境两类。公共政策系统的一般环境是指影响政策的所有外部因素的总和，
进一步可以划分为地理自然环境、经济环境、政治环境、社会文化环境
和国际环境等。一般环境是政策系统存续和运行的基础，对政策系统的
组织特性和功能会产生相当大的影响，是公共政策制定、执行和评价的
宏观背景和总体性框架。①

　　政策环境是多层次、多方面的。政策环境的复杂性，使得政策出台
和体系的构建具有了较高的难度，因此我们必须了解这一特点，在构建
地方政府数据开放政策体系的过程中，要充分熟悉地域的自然环境、政
治环境、社会文化环境以及国际环境，分析这些环境对政府数据开放政
策体系构建的积极因素和消极因素，因地制宜地构建最优的地方政府数
据开放政策体系。

二　政策主体的多元性

　　政策主体和客体均属于数据开放共享政策的利益相关体。政策主体
的多元性主要体现在政策主体的构成上，政策主体分为官方决策者和非
官方参与者两大类。安德森认为，官方决策者是指那些拥有法定权威参
与制定公共政策的人们，包括立法者、政府首脑、行政人员和法官，而
非官方参与者包括那些参与政策过程的利益集团、政治党派、研究组织、
大众传媒和公民个人。这些非官方参与者通常不具有制定公共政策的法
定权威，他们主要是在政策制定过程中提供信息、施加压力、游说官方
决策者。②

　　（一）官方决策者。一般而言，官方决策者主要有立法机关、行政机
关、司法机关和执政党，在现代政治体制中，这三大系统分别掌握着立

---

① 陈庆云：《公共政策分析》，北京大学出版社 2011 年版，第 78 页。
② E. James. Anderson，*Public Policy Making：An Introduction*，Boston：Houghton
Mifflin Company，2003：46 – 66.

法、行政和司法三种权力，各司其职，依据宪法赋予的权力制定各类政策，同时相互制约，保持三种权力之间的平衡。但是在我国，执政党在公共政策制定中有着极为重要的地位。

1. 立法机关。立法机关是政策主体最重要的构成要素之一，其主要职责是立法，即制定法律和政策。立法机关在西方主要指国会、议会、代表大会一类的国家权力机构，在我国则是指全国及地方各级人民代表大会及其常务委员会。由于政治体制的不同，各国的立法机关在公共政策过程中所扮演的角色、所起的作用有所差别。

2. 行政机关。行政机关是贯彻执行国家的法律和政策，管理国家的内政外交等行政事务的机关，它掌握国家行政权力，运用公共政策对社会公共事务进行管理，是立法机构所确立的国家意志的执行者。在西方，随着行政权力的不断扩张，行政机关在政策制定过程中地位和作用越来越突出，出现了所谓的"行政国家"。而相比发达国家，行政部门对政策制定的影响在发展中国家要大得多。我国国家行政机关是指国务院及其组成部分和地方各级人民政府，它们是国家权力机关的执行机关，行使国家行政权。国务院作为最高行政机关，统一领导全国地方各级国家行政机关的工作，规定中央和省、自治区、直辖市的国家行政机关的职权的具体划分，以及其他能够影响全国所有地方政府和居民的政策和措施。

3. 司法机关。司法机关作为政府的重要组成部分，也是公共管理的重要主体之一。司法机关传统被认为只是一个检察、审判的机构，但它在公共政策制定中发挥着重要作用。在我国，作为司法机关的人民法院和人民检察院是国家权力结构中的重要组成部分。按照宪法规定，人民法院是司法审判机关，独立行使审判权，人民检察院是司法监督机关，独立行使检察权。行政机关、社会团体和个人无权干涉。我国的国家司法权为全国人民代表大会赋予，不独立于立法机关，只独立于行政机关。从我国目前实际情况来看，司法机关的作用更多地表现在政策执行和监督方面，并没有真正成为政策制定的主体。

4. 执政党。它是公共政策主体中的核心力量，政策在很大程度上可以视为执政党的政策。在现代社会中，政党常常履行着某种"利益聚合"的功能，即政党努力将利益集团特定的要求转变为一般的可供选择的政策方案。我国现行的政治体制是中国共产党领导的议行合一体制。从制度规范层面来看，全国人民代表大会是最高权力机关，行使国家的立法权；从政策制定过程来看，中国共产党是我国政府系统的领导核心，左右着政府运作过程，主导着公共政策的制定。

（二）非官方参与者。是指政治体制外的、不直接行使公共权力的政策过程的参与者。包括那些参与政策过程的利益集团、政治党派、研究组织、大众传媒和公民个人。相比官方决策者而言，尽管他们对政策制定过程的影响较为间接，但同样是政策制定中不可忽视的因素。

官方决策者和非官方参与者构成了政策主体的多元性这一特点，多元并不意味着彼此独立、毫无联系，相反各个政策主体之间是存在联系的，它们共同形成一个有机的政策制定和决策系统，政策主体间的联系使得各个主体能够彼此监督和制约，共同致力于政策决策的民主性和科学性。

国家数据开放共享政策的历史进程充分体现了政策制定主体的多元性。从我国数据开放共享政策制定主体来看，宏观层面上 2006 年以前主要有国家税务局、中国地震局、交通运输部、教育部、劳动与社会保障部、科学技术部、国家海洋局等职能部门，对数据管理、数据共享相关规定比较集中在国家海洋局、中国地震局和交通运输部；2007—2014 年更多的政府部门如国土资源部、国家卫生和计划生育委员会、商务部等职能部门参与进来。与此同时，政府部门间的合作也在加强，如国家发展和改革委员会、工业和信息化部、国土资源部、财政部和教育部等部门之间合作对促进完善我国数据开放共享政策起到积极作用。其中，国家发展和改革委员会是该阶段数据开放共享政策制定的最主要部门，与工业和信息化部一同起着积极的主导和推动作用。2015 年以来，国务院成为制定政策数量最多的最高行政机关，在该阶段，国家发展和改革委员会与工业和信息化部仍发挥着重要的作用，国土资源部、交通运输部、教育部等依然是政策制定较多的职能部门。[①]

---

① 温芳芳：《我国政府数据开放的政策体系构建研究》，博士学位论文，武汉大学，2019 年，第 74—77 页。

三 政策客体的广泛性

政策客体指的是政策所发生作用的对象及其影响范围，包括政策所要处理的社会问题（事）和所要发生作用的社会成员或目标群体（人）两个方面①。政策客体对政策执行的影响表现为以下三点：一是政策对象越多，执行越复杂；二是政策时间与政策对象之间的习惯思想、行为差距越大，执行难度就越大；三是政策对象对政策的认同程度越大，配合政策执行的可能性就越大。简言之，地方政府数据开放政策作为一项政策，其政策客体的广泛性主要体现在政策所要处理的社会问题和政策的目标群体。首先社会问题多种多样，目标群体层次不同，对政府数据开放共享的需求五花八门。作为政府机构，该将哪些政府数据进行开放？开放给哪些政策对象？怎样的开放才是政府高效的、让政策对象满意的？这些都是政府相关部门在制定相关政策时必须考虑的。其次我们还要认识到，数据开放共享政策主体和政策客体之间在某种情况下是互相转化的。比如不同的职能部门之前需要使用彼此拥有的数据，这个时候，原来的政策主体可能就变成了政策客体，所以这种多元性一定程度上还体现了动态性。

四 政策制度的创新性

制度是一个社会的游戏规则，或更为规范地说，它们是为决定人们的相互关系而人为设定的系列制约。制度是由非正式约束和正式的法规组成的，按照性质和范围总体可分为根本制度、基本制度与具体规章制度三个基本层次。根本制度是同生产力发展的一定阶段相适应的经济基础和上层建筑的统一体，如政治、经济、文化制度等。基本制度是社会的具体组织机构，如外交、金融、税收、政党、军事、司法、教育、科技、保障制度等。具体规章制度是各种社会组织和具体工作部门规定的行为模式和办事程序规则，如公务员考试制度、学位管理制度、劳动工资制度等。

---

① 陈振明：《公共政策分析》，中国人民大学出版社2003年版，第50页。

政策制度的创新性主要体现在用新的政策理念拟定新的政策举措，通过有效的方式方法组织实施，以达成所需要实现的政策目标，并以此推动新的体制机制形成。只有如此，才能更好地发挥政策制度的杠杆作用，持续把现代化建设各项事业推向前进。构建地方政府数据开放政策体系的过程遇到的问题纷繁复杂，为了更为有效应对层出不穷的新问题，政策的创新性体现在地方政府政策的制定与发展过程中不断收集汇总遇到的各种新情况，在贯彻落实中央方针政策的同时，可采取"先行先试"理念，创新性地推动实施具有区域特色的数据开放共享政策，积极将汲取到的新经验纳入政策制度具体制定的范畴之中，以确保政策的每次推陈出新能够顺应时代的要求，与时俱进地灵活应对新时期遇到的各种难题。随着时代的不断进步和技术的高速发展，政策制度的创新性体现在一定条件和一定范围内，基本制度、具体规章制度还可以互相转化，以满足应对各种场景的各种需求。

简言之，把握地方政府数据开放政策体系的四个特点，有助于我们了解该政策的具体内涵，更好地构建我国地方政府数据开放的政策体系，推进我国政府数据开放的总体进程。

第二节　地方政府数据开放共享政策体系框架的构建

为使我国政府数据开放政策体系框架具有坚实的理论依据，政策体系框架拟在公共政策理论、系统科学理论等较为成熟的理论基础上构建。政策体系框架构建参考现有的国外实践经验，实证依据则主要是参考现有的国内外学者在政策框架构建方面实证性的研究成果、地方政府数据开放共享政策典型案例，以及上文对我国国家层面政策的现状分析和国外典型国家政策的分析。

本书旨在构建一个"纵横互通"（"纵向＋横向"）的政府开放数据政策的框架，"纵向"即政策体系的宏观（中央层面）、中观（省级层面）、微观（地市级政府或职能部门层面）；"横向"指政策体系内部框架：包括主客体、政策环境、政策内容、政策工具等。

一 政策体系框架构建的理论依据

我国政府数据开放政策体系的框架构建主要以公共政策理论、系统科学理论为理论依据。

(一) 公共政策理论

本书的研究重点在于构建我国数据开放共享的政策体系,在进行政策框架构建时必然需要公共政策理论的支撑。根据公共政策理论,公共政策是由一系列活动构成的动态过程。政策过程一般包括:问题确认、议程设置、政策制定、政策执行和政策评估。公共政策的内容通常包含政策制定和政策执行。

我国政府数据开放政策体系的框架构建要有规范开放数据活动的一系列政策,同时也要有实施政策的组织准备、物质准备、协调和监控等环节,因此为推动数据开放还要有一系列组织、人员、资金等相关的配套政策。为了执行政策和分享经验,需要指定的机构负责协调和实施开放数据或开放政府政策。例如,在美国,管理和预算办公室协调开放数据政策。将开放数据流程的实施分配给某个组织,可以为发布数据的过程创建一个明确的责任和更系统的方法。本书将公共政策理论中的政策过程理论运用到政策体系的框架构建中,使政策内容既包含政策制定的内容,也包含政策执行的相关内容。将政府数据开放政策体系的数据创建与收集、数据发布、数据共享、数据归档与保存、数据监管、数据质量、数据安全与隐私等组成的政策内容与政府为实施开放数据所需要的组织、人事、物质等需要的政策相协调。

(二) 系统科学理论

系统科学为政策框架体系的构建提供基本的方法论。在公共政策分析方法中,系统分析方法是重要的分析方法之一。在本研究中,政府数据开放政策体系的框架构建以系统科学理论为指导,将政策体系视为一个大的政策系统。该系统从纵向构建一个宏观政策指导体系、中观政策支持体系和微观政策实践体系,而这些政策相互之间的联系方式形成政策体系框架内部的结构和层次。通过分析政策体系内部各政策之间的相互关系，揭示政策体系内部政策的结构关系。横向构建政策体系内部框架：包括主客体、政策环境、政策内容、政策工具等，系统内部的结构决定功能，功能可以通过优化系统内部的结构加以改进。只有建立结构合理的政策体系，才能发挥政府数据开放不同政策的协同效应。

二　政策体系框架的实证参考

为切实推动我国政府数据开放政策的制定，我国有很多学者对现有的政策进行分析（见表5—1）。从表中可以看出，这些实证研究既有对国家层面数据开放共享政策框架的分析，也有对地方政府数据开放政策框架的探讨。如从政策工具视角的政策框架构建，范丽莉、杨正、毛子骏以及苏飞等借助政策工具的理论，建立了围绕需求型政策工具、供给型政策工具和环境型政策工具的政策体系框架，这种政策框架则更侧重于开放数据政策的实施。同时也有限定为数据发布的开放数据政策框架。如赵润娣建立的政府数据开放政策比较框架的内容包括①：政策目标、机构设置与人员协调、数据管理、政策实施计划、政策评估策略等内容。其中数据管理涉及数据类型、数据格式和标准、数据质量、元数据管理、与其他数据的互操作、数据可访问性、数据重复使用、开放数据范围、数据许可、数据收费、数据表示、与数据用户的联系、发布的数据量、开放数据发布之前的处理和开放的成本等要素。

表5—1　　　　　　我国学者对政府数据开放政策框架的实证研究

政策框架要素	出处	说明
数据创建与汇交、数据组织与描述、数据归档与保存、数据发布、数据共享、数据获取与利用、数据监管、数据质量、知识产权、基础设施建设、政府协调管理	黄如花、温芳芳（2017）	国家层面的数据开放政策框架

---

① 赵润娣：《国外开放政府数据政策：一个先导性研究》，《情报理论与实践》2016年第1期。

政策框架要素	出处	说明
供给型政策工具：教育培训、科技信息支持、基础设施建设、资金投入和公共服务。环境型政策工具：目标规划、金融支持、税收优惠、知识产权保护和法规管制。需求型政策工具：公共技术采购、消费端补贴、服务外包、贸易管制和海外机构管理	范丽莉、唐珂（2019）	国家层面的数据开放政策框架
供给型政策工具：数据平台、基础设施、财政支持和人才培养。环境型政策工具：目标规划、法律保障、数据规范化、数据安全和数据信用体系。需求型政策工具：公私合作（PPP）、政府采购和行业监管	杨正、田进（2018）	国家、省、市级政府数据开放利用政策框架
供给导向型：人事支持、财政金融支持。环境导向型：构建考核与问责机制、加强数据开放法规制度建设	毛子骏、郑方、黄膺旭（2018）	我国 12 个省市级政府数据开放政策框架
供给型政策工具：开放规划、数据管理、数据开放平台建设要求、数据质量。环境型政策工具：建立考评机制，培养政府数据开放理念，完善标准规范、隐私安全机制、组织准备。需求型政策工具：民用、政用	苏飞、刘红（2019）	省级政府
数据收集、数据整合、数据共享、数据保护、共享方案、数据开放、开放方案	周文泓（2018）	41 个地方政府开放数据政策框架
开放数据法律法规建设、数据开放共享与应用、开放数据平台建设、数据开放许可协议及标准规范、数据安全、人才培养、数据质量评估、开放数据知识产权	谭必勇、刘芮（2018）	15 个副省级城市政府开放数据政策框架

　　我国政府数据开放政策体系的框架构建需要考虑数据开放涉及的一系列活动，以及开放数据发布的操作流程。同时也需要相应的组织准备、人员配备、财政支持以及监督考核等作为政策工具推动开放数据的有效实施。因此我国政府数据开放政策体系的框架需要对开放数据涉及的这

些要素统筹考虑。

第三节　政策体系构建的价值取向、目标、原则与框架

拉斯韦尔指出，"政策科学的研究方法不仅强调基本问题和复杂模型，而且在相当大的程度上需要澄清政策中的价值目标"[①]。

一　政策体系框架构建的价值取向

价值是事物满足人们需要的属性。价值取向指人们按自行的价值观念对不同价值目标所做出的行为方向的选择[②]。明确价值取向是确定并划分支持政策目标选择的价值前提。价值取向决定支持政策目标的选择。政府数据开放的本旨在于通过向公众开放政府数据，实现数据的自由获取，增强政府透明度并创造公共价值。基于此，笔者认为我国政府数据开放政策体系框架构建应以正义、效率、秩序为基本价值取向，体现政策建构的基本理念、性质及效力。

（一）　正义

正义是政策的首要价值。政策如果缺失了正义，即使再有效率，只要它是不公正的，也必须加以改造或废除。政府将其数据以开放的、机器可读的格式向社会开放，保证公众自由、无限制地获取，推动政府透明。政府数据开放赋予公民更多参与的权利。一方面，开放数据搭建了政府机构与公众之间的桥梁，意味着公众拥有更多的权利参与政府治理，体现政治民主；另一方面，政府数据开放可以促进公民与政府间的合作，有利于发挥集体智慧做出最佳决策。从这个方面来讲民主即正义。正义包括两个方面，即实质性正义和程序性正义。实质性正义即政府数据开

---

① Sandra Braman, *Communication Researchers and Policy - making*, Massachusetts: MIT Press, 2003（2019 - 03 - 23），https：//ieexplore. ieee. org/document/6280004? reload = true&tp = &arnumber =6280004.

② 毛信德：《当代中国词库》，航空工业出版社 1993 年版，第 222 页。

放政策内容的正义。政府数据开放政策体系的框架构建不能偏颇、有失公允。框架构建要始终坚持政府数据作为公共物品的基本属性。政府数据不是个别政府部门的私有物品，应该尽可能地向社会开放，以保证公众获取政府数据的权利。同时，框架构建还要在保障公众基本的数据获取权利的基础上，遵循罗尔斯提出的"差异原则"，最大限度地改善数据弱势群体的生存状态，提高他们的数据能力，寻求缩小弥合数据鸿沟的制度合力。程序性正义也称形式正义。著名经济学家约翰·奈斯比特主张"凡生活受到某项决策影响的人，就应该参与那些决策的制定过程"①。我国政府数据开放政策体系的框架构建要平衡各方利益，应尽可能吸纳更多的利益相关者参与到政策决策中来。本研究在开展的过程中，尽可能地把政府数据开放的利益相关者考虑进来，通过访谈了解不同利益相关者的利益诉求和对制定政策的建议，以体现程序正义。

（二）效率

政策是由追求效用最大化的决策者制定的。政策制定必然是为解决一定的政策问题而存在。效率是公共政策制定的必然要求。政府数据蕴含着巨大的商业价值，是公民、组织和企业决策和创造创新性产品和服务极其珍贵的资源。政府数据开放可以释放创新创业活力，为数字经济发展提供了新动能。公众通过开发公共数据可以发现新服务、新知识和新见解，实现以数据驱动的经济和社会创新。政府数据开放政策体系的框架构建的重点是推进政府数据高效采集、有效整合、主动开放和创新应用，推动大数据产业以及以数据为王的数字经济的发展。因此，在政策体系框架构建时既要注重数据开放前涉及的数据创建、数据描述等工作的实际效果，也要特别注重不同领域数据的应用。通过政策推动开放数据的深层次挖掘，释放数据红利，从而形成数据应用新业态。

（三）秩序

美国法学家博登海默认为，秩序指在自然和社会进程中都存在的某种程序的一致性、连续性和确定性。政府数据是政府制定公共政策、传

---

① ［美］约翰·奈斯比特：《大趋势：改变我们生活的十个新方向》，梅艳译，中国社会科学出版社1984年版，第162页。

递公共服务的依据和条件，可以使政府在大数据分析的基础上优化公共服务策略。对于政府来说，数据开放为政府提升自身的社会治理能力创造了条件，有利于维护良好的社会秩序。政府数据开放必须在依法保障安全和隐私的前提下进行。政府数据开放也应该以开放数据生命周期为指导，从整个生态系统的角度统筹考虑系统内各要素以及之间的关系。原因在于，作为开放数据的最后一环，数据生命周期的前端没有处理好，数据发布和重用难以达到好的效果，甚至造成不良的后果。政府数据开放政策体系的框架构建旨在统筹开放数据涉及的各要素，协调和规范政府开放数据过程中的一系列活动，促成良好社会秩序的形成创造制度条件。政策系统由不同要素组成，政策体系也由不同时间、不同地区的若干政策构成。因此数据开放政策体系的框架构建既要注重政策系统内各要素之间的协调，也要在政策体系内部保持不同政策之间的衔接。以秩序作为基本价值取向还在于框架的构建最终是要实现开放数据不同政策的协同效应。

二　政策体系框架构建的目标

政策总是要实现特定的目标，具有明确的方向性。政策目标是政策分析要达到的最终目的。政策分析必须在明确政策目标的前提下才便于寻找、比较和选择备选方案。

（一）不断完善政府数据开放相关政策

框架构建是从系统性和整体性的角度分析我国政府数据开放需要建立怎样的政策体系。任何事物都不是孤立存在的，都与周围的事物存在千丝万缕的联系，政府数据开放亦不例外。首先，就政府数据开放本身而言，我们不能将其视为孤立的政府行动或行为。政府有效推动数据开放必须考虑开放前端的活动，对政府数据进行前端控制。这其中包括数据创建/采集、数据描述、数据保存等，同时数据开放的最终目的是开放数据的应用，必然又涉及开放后的数据重用等活动。而这一系列活动都需要有相应的政策加以规范。其次，就政府数据开放政策而言，仅一项孤立的政策对数据开放起的作用极其有限。政府数据开放政策需要一系列政策与之相配套。建立我国政府数据开放的政策体系框架对于完善政府数据开放相关政策具有积极的意义。

（二）切实推动国家政府数据开放

政策具有规范人们社会活动和行为的作用。《促进大数据发展行动纲要》规定，要"积极研究数据开放等方面制度，实现对数据资源采集、传输、存储、利用和开放的规范管理"。通过构建我国政府数据开放的政策体系框架，明确需要制定和健全哪些方面的政策，在政策中明确政策客体哪些不可为、哪些可为，以及如何作为等，从而规范政府数据开放相关活动。同时，政策具有调节作用，它可以平衡政策各利益相关者的利益关系。比如社会对政府开放数据的迫切需求要求政府制定数据开放相关的政策，但同时数据开放可能威胁到数据安全和个人隐私，这就要求制定数据安全和保护个人隐私相关的政策。随着相关政策的不断完善，政府数据开放才能更有效地实施。

（三）促进政府开放数据创新应用

政府向公众开放数据的目的在于促进数据广泛应用。如前文所述，数据质量难以保证、政府部门对数据安全和隐私的顾虑、数据开放没有形成相应的工作机制等现实问题的存在，使真正有价值的数据未开放，政府数据的潜在价值难以发掘。我国政府数据开放政策体系框架的确立可以帮助明确我国已有哪些政策，哪些方面的政策存在缺失，需要进一步制定和完善。通过完善数据开放相关政策，扫清数据开放存在的政策障碍，也为开放数据的创新应用创造良好的政策环境，推动国家数字经济的发展。

三　政策体系框架构建的原则

我国政府数据开放政策体系的框架构建坚持需求导向原则、客观性原则、连续性原则以及系统性原则。

（一）需求导向原则

政策列入议程首先是基于现实的政策问题。只有一个社会问题需要通过政策加以规范和解决，政策制定才会成为必要。政府数据开放政策体系的框架构建是基于现实的政策需求而进行的。从全球来看，我国政府数据开放的政策准备度相对较低。从国家来看，我国一些国家战略均强调制定政府数据开放相关政策。如《促进大数据发展行动纲要》作为指导我国政府数据开放的总纲，提出要建立公共数据开放共享的政策体系；《"十三五"国家信息化规划》也提出规范数据开放共享的管理，等等。而从数据开放的实际情况来看，我国政府数据开放存在诸多政策上的障碍。因此，政策体系框架构建要始终围绕政策的现实需求展开，针对需求寻找并选择合适的政策方案。

（二）客观性原则

政策是决策者根据当时当地的实际情况制定的。首先，政策议程的设置是政策主体、客体与政策环境相互作用的结果，而政策主体、客体和环境都是客观的。其次，政策制定必须在广泛的调查研究、全面了解和把握客观实际的基础上，尽最大可能搜寻政策方案，提出适合我国实际的政策建议。最后，政策体系框架构建保持基本的价值中立。在整个政策生命周期中，政策分析者或研究者应尽可能地保持价值中立，对政策涉及的利益相关者不偏不倚，能做到实事求是。

（三）连续性原则

连续性原则也称为稳定性原则。首先，任何政策体系的形成都不是一蹴而就的。政府数据开放政策体系的框架构建需要在现有政策的基础上不断完善。目前国家已经重点从数据共享、基础设施、国家网络安全等方面制定了很多政策，需要进一步在数据开放立法、数据质量、数据安全与个人隐私等方面完善相关政策。其次，政策一旦完成制定，就要保持其相对稳定性，不允许朝令夕改。目前我国已有《政府信息公开条例》以及保护个人数据相关的政策。随着政府数据开放进程的推进，一些内容难以适应开放数据的需要，需要在原有政策的基础上进一步修订。最后，一些规章制度以及工作流程或机制是在特定时期以及特定条件下产生的，有其合理性。因此在需要改变时要坚持谨慎的态度，在尊重前人成果的基础上客观应对。随着数据开放的实施，政府面临新职能的转变，需要面向数据开放进行业务流程再造。

（四）系统性原则

政府数据开放政策体系框架的构建要注重政府数据开放的系统性和整体性，对开放数据涉及的各要素如数据资源、数据安全、个人隐私以及组织实施等进行统筹，发挥政策在政府数据开放中的指导、规范和协调作用。与此同时，政府数据开放的政策体系框架是由一系列相关政策组成的。一个政策本身即为一个系统，政策体系是由若干政策组成的系统。这些政策具有在时间、空间和逻辑上的层次和结构。这就需要协调、处理好系统内不同政策之间的关系，加强各政策之间的衔接，以形成纵横协同、上下联动的政策体系。

第六章

我国政府数据开放共享政策体系的内容

2015年，国务院发布的《关于印发促进大数据发展行动纲要的通知》，将"形成公共数据资源合理适度开放共享的法规制度和政策体系"作为近些年大数据大发展大繁荣的目标，我国政府数据开放共享的顶层设计提上日程。"加快政府数据开放共享，推动资源整合提升治理能力"作为三大任务之首，"政府数据共享开放工程"作为十大数据工程之首，充分显示了政府数据开放共享在国家数据战略中的重要地位。地方政府数据开放共享政策的内容数量众多，种类不同的政策组成系统的政策体系，涵盖了从国家宏观层面政府数据开放的文本形式到中观地方政府摸索试行的政策规章再到微观层面的规定条例。虽然目前政府数据开放共享的政策体系尚未完全形成，但中央到地方从未停止探索前进的步伐。

第五章仅构建了我国政府数据开放的政策体系框架，但并没有就框架中政策的具体内容作出说明。为使我国政府数据政策体系框架中的具体内容更加完善，本章将结合我国的政策需求、政策现状以及政策制定和发展的历史进程，以政策过程理论和系统科学理论为基础，对政策体系的内容进行深入研究。

第一节　纵向：完善政府各层次数据开放共享政策体系

这里所指的不同层次主要是指宏观政策指导体系、中观政策支持体系和微观政策实践体系。

一　宏观层面的政策指导体系

地方政府数据开放共享宏观层面的政策体系，主要是指国家出台的一系列政策，可以为各省级、地级（副省级）地方政府数据开放共享政策的出台和具体实践工作的实施提供具有指导性和借鉴性的方案。是全国都应以此为大纲、能为地方政府数据开放提供保障性的政策。宏观层面具有指导意义的数据开放共享政策作为一种顶层设计，其存在是必不可少的。这也是宏观层面政府数据开放共享政策体系构建的内涵所在。做好国家层面政府数据开放共享顶层设计，提出政府数据开放共享长远性发展要求，明确强调政府数据开放共享对国家发展的重要性和必要性，为全国政府数据开放共享提供最强大的政策保障和最明确的政策指示。

政策是政府数据开放建设工作中极为重要的因素，相关政策的出台可以保障数据开放基础设施的建设，可以有组织有目的地进行调整，也是保证其他资源供应的依据，是指导部署支持数据开放建设的重要保证。从调查研究过程中可以看出我国政府数据开放共享相关的政策法规存在缺失。现阶段，我国政府数据开放共享建设的主要依据是《政府信息公开条例》，但是只此一部条例是无法支撑政府数据开放过程中所产生的诉求的。在政府数据公开之前，没有具体的政策来规定数据是否涉及个人隐私以及商业机密等问题，很多政府部门以保密或者不宜公开为由漠视数据开放的价值和重要性，以惯性思考，不愿意公开数据。在各个部门或者层级直接分布着海量的有价值数据，但没有相关的政策支持，而使得有用的数据荒废。《政府信息公开条例》立法层次低，不能发挥实质作用，只能在政府数据开放建设中起指导性作用，不具有行之有效的法律约束力。同时数据在整个开发的环节需要经过多步进行处理才能形成有价值的数据，每个环节都需要有相应的制度和标准做依据。

在国际经验借鉴上，我国可以借鉴美国经验，美国作为政府数据开放建设的先行者，之所以取得显著的成效，离不开其完善的与之配套的法律法规体系。在美国立国之始，对于公民的知情权与言论自由和新闻自由已经反映在美国宪法之中。20世纪中期，美国建立起了相对完善的信息公开体系。1966年通过的《信息自由法》，第一次在成文的法律上提供了可获得政府信息的公民权利，改变了政府公共信息不公开不透明的形式。1974 年《隐私权法》的通过，规定了政府不得滥用其保存的公民个人信息和数据。《阳光下的政府法案》于 1976 年获得通过，这使得政府会议公开成为最基本的原则。以上三部法律为美国政府数据开放提供了重要的制度保证，对美国的政府数据开放和保障社会公众隐私权具有重要意义。2009 年，美国奥巴马政府颁布的《开放政府指令》，秉持着"透明""参与""协同"三原则，发布了推动政府数据开放建设的一系列文件，不断鼓励丰富公共数据开放平台，利用新技术、新工具，扩大数据开放的影响范围。正是这些法律法规为美国政府的数据开放工作保驾护航，才让美国政府数据开放走在了世界的前列，引领时代潮流。

从前述美国等数据开放成果比较丰硕的国家的发展经验中我们可以总结，希望以下三个建议对于当前我国数据开放共享宏观政策目标的完成能起到借鉴作用。

一是编制一套数据开放共享管理法律法规。该法律法规对全国均有普适性，可以以大纲形式对开放过程中涉及的数据开放类型、安全监督问题、开放原则等内容作出倡导和要求。

二是出台政府数据开放行动计划。如要求各地政府更细一步出台有利于当地政府数据开放的政策或要求各地将政府数据开放平台的建设提上日程，并拟出详细日程规划。

三是对数据开放共享的相关标准进行统一。结合前面章节对全国 11 个地方政府数据开放共享进行了调研和实证分析，发现从国家层面对开放数据标准、平台设计等作统一规定或许更有利于数据需求者对开放数据的获取和利用。

二　中观层面的政策支持体系

全国地方政府数据开放共享进行得如火如荼，数据开放共享在全国形成越来越浓厚的氛围。国家将"加快政府数据开放共享，推动资源整合，提升治理能力"作为三大任务之首，并且将"政府数据共享开放工程"列为十大数据工程之首，"催促"着地方政府必须去构建较为完善的实施政策。

中观层面的政策支持体系是在宏观环境政策的指导下制定的省级政府或省级职能部门制定政策构成的体系。从中观角度来看，根据国家数据开放共享宏观战略要求，各省级政府进一步解读和明细国家政策，并根据当地（各省）情况，拟定和发布适用于本省政府数据开放共享的一系列政策，为本省各级政府数据开放共享提供支持和保障，中观层面的政策支持体系中，既发挥了省级政府在行政事务中承上启下的关键作用，具体体现宏观环境政策，也有统率各种微观环境政策，是中观层面构建政府数据开放共享政策的目标所在。

目前，我国各省的相关政策多为指导性的规划，将数据开放共享作为未来工作的重要组成部分，并没有出台实际的工作计划和相应的政策来指导政府数据开放工作，政府数据开放的专项政策有限，现有的政策并没形成体系。根据各地出台的关于政府数据开放建设方面的政策来看，大多数地方政府出台的政策都没有明确规定数据开放的目标、原则、流程和注意事项等。数据开放共享工作涉及各个部门和层级之间的信息数据共享，需要有体系地进行协调沟通。成体系的政策才能既兼顾统筹与布局，又有相对应的计划指南来落实目标。因此建议：

其一，省政府以政策、法规等正规文件形式，为本省政府数据开放共享提供最有效的法律保障。国家出台的政策，其显著特征之一是笼统性，并不能为地方具体工作提供详细的、可操作性的说明。这就需要逐层缩小政策范围，将国家政策要求落实到省级层面，其制定和发布的政策应与本省实际情况密切相关。根据本省政府数据开放现状拟定的政策对本省的具体操作实施具有更强的方向性和重点性，同时也能反映地方政府对国家层面出台政策的重视。省政府出台的数据开放共享一系列政策，可以为本省各地方政府数据开放提供合法性、合规性地位。这种支撑以文件甚至法律作为后盾，不能轻易被改变，为本省政府数据开放共享工作的有序高效开展提供较高的支持、鼓励与保障。内容除对宏观层面所提到的数据管理、安全、监督问题等进一步细化外，也可考虑要求下级政府拟出具体实施计划、打造各地数据开放平台具体时间计划表，规定每个部门的职责与数据开放的具体要求等。

其二，中观层面的政策对省本级数据开放共享同样有效。省级政府对下级（主要是地市级）政府具有表率作用，在行动计划中可明确对省级层面政府数据开放作出要求和规划，以供下级借鉴并推动数据开放工作的开展。正如领导对其下属的行为具有表率性和潜移默化的影响一样。中观层面政府出台的政府数据开放共享政策对于微观层面政府的政策出台和执行行为也具有影响。一方面，地方政府也会遵循和效仿省级政府行为，更细一步制定和出台与当地政府数据开放现状相符的政策；另一方面，相比于国家宏观政策，省级政府出台的政策更有助于地方政府政策的出台和工作的实施。

如澳大利亚新南威尔士州于1998年颁布《隐私与个人信息保护法》，明确赋予公民保护个人信息隐私的权利。当新南威尔士州政府或地方政府机构在开放数据信息时侵犯、滥用公民隐私，公民可对此提出投诉。

三　微观层面的政策实践体系

不管是宏观政策还是中观政策，大都只是大方向上的阐述，并未对实践和操作作出细化和具体安排。而可以用于指导实践的政策至少要具有实践性和可操作性。微观政策作为涉及范围最小的政策，是根据其作用范围的实际情况，在宏观或中观政策的基础上进行细化和编制出来的政策，具有针对性和可操作性。微观层面的政策支持体系应具有以下特点：一是针对性。针对性主要强调的是确定的作用对象。本书所指微观政策为地级市政府层面，为将本市政府数据开放共享工作付之行动所编制和出台的数据开放管理条例等，政策仅作用于本市管辖范围。二是实践性。马克思主义所说的实践性，主要强调实践的原则。这里实践性强调政策的具体可操作性，也推动当地政府根据数据开放共享实际情况而编制并且进行细化形成实施方案、管理规则等。

从微观角度来看，各地方政府作为政府数据开放共享的直接实践者，根据宏观、中观文件要求，在密切结合本地实际情况的基础上创新性地做好充分的政策准备，编制和细化出一系列政府数据开放共享实施计划、数据管理条例、数据开放办法等，是决定能否将数据开放任务顺利、有效落到实处极为关键的一步。如微观层面数据开放政策制定，这既体现微观层面政府数据开放共享政策构建的目标，也体现了地方政府对于中央文件、省政府文件的高度重视，更是地级政府开展好数据开放共享工作迈出的第一步。参考美国、加拿大等在数据开放方面有较长历史的国家的经验，结合前述实证调研分析中我国政府数据开放政策体系构建较为完善的贵阳市的实践启示，微观层面政府数据开放共享政策实践体系构建可考虑以下具体目标和内容。

一是健全有关数据开放合法性地方法规。为政府数据开放提供合法保障，是与其相关的一切其他文件顺利出台、一切实施行动有效执行的第一步。

二是规定和设置专门的数据开放管理机构，培养数据管理人才。加强组织和数据开放人才保障，专事专办，具体分责，不易产生责任推诿和扯皮，负责部门也因工作压力而激发出更强的责任心，促进执行效率的提升。

三是拟定政府数据开放平台建设计划书或公告。目前，全国仅有 82 个地区上线了当地政府数据开放平台，对于尚未搭建平台的地区，当地政府宜直接出台文件，加大敦促力度，以平台搭建阶段性规划方式，加快平台建设竣工。

四是编制政府数据开放共享管理办法。对数据采集、分类、存储、共享以及数据的进一步挖掘利用，数据资源目录管理等制定资产化管理规则；对国家或省政府层面数据开放原则、数据标准统一等要求进行细化；对于数据开放涉及的数据隐私等安全问题、数据共享监督管理与责任追究等作明确要求。

五是发布政府数据开放共享具体实施办法。内容可以对数据开放主要负责机构、如何实施数据开放（方式路径）、开放时间群体等基本问题进行规定解释，根据当地数据开放现状、开放步骤等细化工作安排，对数据开放、数据共享法律保障等进行重点强调。

六是出台政府数据开放共享考核条例。对考核机构设置，考核内容、标准、程序、结果运用等作清楚规定和说明。

以贵阳市为例，贵阳市根据本市数据开放现状，已从市级层面发布了具有实践性、针对性的地方性法规或政策《贵阳市政府数据开放条例》《贵阳市政府数据共享开放实施办法》等，成为当地的地方数据开放推进强劲的"发动机"。

第二节　横向：打造政策体系完整链条

从系统分析方法来看，公共政策的运行是以公共政策系统为基础的。公共政策系统是政策研究的重要内容，是研究公共政策过程的前提。按西方学者的观点，公共政策系统是"政策制定过程所包含的一整套相互联系的因素，包括公共机构、政策制度、政府官僚机构以及社会总体的法律和价值观"①。我国学者把公共政策系统界定为"由政策的主体、政策客体及其与政策环境相互作用而构成的社会政治系统"②。本节将在公共政策科学系统理论指引下，研究数据开放共享从"政策环境—政策主客体—政策工具—政策内容—政策保障"等一系列政策体系内容。

一　营造良好的开放环境

第一，经济环境。得数据者得利益，经济发展是第一生产力。一方面，地方政府开放数据在一定程度上不仅能够为政府治理节约成本、为社会公众提供更加便捷的服务，加速推动资源整合，满足各利益相关者的利益。另一方面，必要的财政支持也对提供良好经济环境发挥着关键作用。

开放政府数据的财政支持对开放政府数据的供应方——政府，以及开放政府数据的需求方——政府、企业、公众等——都是非常重要的，它关乎开放政府数据资源的建设，关乎开放政府数据驱动的应用与创新。开放政府数据需要资源，对资源的财政投资是对开放政府数据建设很好的投资。因此，开放政府数据政策制定的现实基础之一是财政的支持。我国一些地方政府在财政方面对当地正在推进的开放政府数据工作给予了一定的支持。例如，上海市经信委开展了 2015 年度上海市信息化发展

---

　　①　［美］E. R. 克鲁斯克等：《公共政策词典》，唐理斌等译，上海远东出版社1992 年版，第 26 页。

　　②　陈振明：《政策科学》，中国人民大学出版社 1998 年版，第 105 页。

专项资金项目的申报工作，该信息化发展专项资金中的一部分将应用于
开放政府数据的发展：一是资助开放数据初始阶段的建设，对相关政府
数据资源服务平台运营管理进行资助。其中包括对政府数据资源服务网
整体的运营，以及对政府移动应用门户整体运营的资助。二是资助开放
数据应用、App 或电子服务等，以促进公共数据资源的社会化应用。三是
资助宣传、培训和基础设施建设。四是资助创新，如支持基于地理信息、
通信运营商信息、公共区域 WiFi 等数据资源等人流量大的数据公共信息
平台项目的建设。不仅上海市对开放政府数据相关工作予以了财政支持，
湖南省、浙江省、贵州省等省级政府以及深圳、郑州、苏州等市也对信
息化发展予以了财政支持，信息化发展与开放政府数据密切相关，这些
财政支持可以看作是对省、市未来开放政府数据工作的前期支持。后期，
我国中央政府应该鼓励各地方政府从多个层面为数据开放共享营造更加
良好的经济环境。

　　第二，政治环境。政治领导人的领导力、中级管理者的管理能力、
跨机构的合作机制以及更为广泛的政治环境与开放政府数据政策的制定
密切相关，是开放政府数据政策制定的现实基础之一。强劲的、可持续
的政治领导力在克服开放政府数据阻力、制定开放政府数据政策方面是
非常重要的。本届国家领导人意识到开放政府数据的重要性并支持开放
政府数据。2015 年 3 月 "两会" 期间，李克强总理明确表态，政府掌握
的数据要公开。在 2015 年 6 月的国务院常务会议上，李克强总理提出：
"运用大数据，加强对市场主体的服务和监管，这是转变政府职能的重要
手段。""这也是建设透明政府、阳光政府的内在要求。政府信息、数据
及时公开，让企业清楚、百姓明白，这是最起码应该做的。"① 中国开放
政府数据相关的倡议、计划相继提出，如《关于促进云计算创新发展培
育信息产业新业态的意见》《国务院办公厅关于运用大数据加强对市场主
体服务和监管的若干意见》《关于促进大数据发展的行动纲要》。此外，

---

　　① 中华人民共和国中央人民政府：《国务院办公厅关于运用大数据加强对市场
主体服务和监管的若干意见》，http：//www. gov. cn/zhengce/content/2015 - 07/01/con-
tent_9994. htm，2015 年 8 月 12 日。

中国在电子政务建设、公共资源服务方面已展开了跨部门的协作。例如，青岛市管理体制是"四统一分"，电子政务发展模式是集约化发展。通过"信息共享目录采集"，获取了各部门可开放的数据资源。北京市海淀区政府实行了"跨部门公共服务模式"。进入 21 世纪以来，中国政府绩效评估进入了一个新的发展阶段，采用了多样的绩效评估方法，发展了多样的绩效评估模式。中国早已设置有数据统计机构——国家统计局。中国当前开明的政治环境——透明和问责制的加强、经济的增长、包容和赋权、公共服务的改善、政府效能的提高等，为开放政府数据提供了现实政治基础。

第三，社会文化环境。开放政府数据的价值在于社会对其的使用。对政府开放数据的强大需求是政府数据得以开放的推动力，是产生并保持政府释放数据压力的来源。社会对开放政府数据的需求和公众的积极参与是开放政府数据政策制定的现实基础之一。目前，对中国开放政府数据的需求在以下方面有所体现：来自公民社会和大众媒体的需求，企业的需求，政府内部的需求。一直以来，公众高度关注与民生密切相关领域的数据，如有关公共服务、食品药品安全、环境保护等方面的数据；关注财政预算、公共资源配置、社会公益事业建设等领域的相关数据；关注行政审批前置服务项目中的社会组织和中介机构的相关数据等，由于中国公众对开放政府数据需求的持续增强，相关的公民社会组织陆续成立，如开放数据中国、城市数据派、开放知识基金会中国、青悦开放环境数据中心等。其中，开放数据中国是一个专注于开放数据的虚拟合作性网络，旨在提供平台供个人、非营利机构、商业公司、政府机构共同协作创建中国的开放数据生态。城市数据派是专注城市数据与智慧城市的互动平台。

企业对各种政府数据有着不同的需求。例如，许多电子商务公司需要预测非一线城市的物流状况，在这一过程中需要考虑当地交通拥堵程度和天气情况，这就需要当地政府提供相关数据，以此提高运作的效率。目前，一些企业与政府部门已经接入了政府数据和大数据。例如，中国气象局公共气象服务中心与阿里云于 2014 年 5 月达成了共同搭建"中国气象专业服务云"的战略合作；国家食品药品监督管理局与百度于 2013

年 2 月签约"安全用药，搜索护航"的战略合作，国家药监局的三大药品数据库、权威药品信息全面入驻百度。2014 年，"开放数据中心委员会"成立，成员包括百度、阿里巴巴等公司。对政府而言，政府数据的有效使用有利于政府的科学决策、政府机构的变革、政府公共服务职能的强化、政府公信力的增强等。政府在发展中也需要政府数据的共享。经过十多年的建设，中国同一层级政府间数据共享及不同层级政府间数据共享已初见成效。

另外，各地方可根据自身社会文化特色营造开放的环境，打造当地数据特色。

贵阳是一个多民族聚居地，地方政府可以利用数据开放带动当地少数民族特有文化与外界进行交流，打造专属大数据"贵州特色"。如一年一度在贵阳召开的中国国际大数据产业博览会秉承"国际化、专业化、高端化、可持续化、产业化"的核心理念，旨在为全球范围大数据领域专业人士和企业提供行业前沿资讯、热点动态以及合作交流平台，数博会已成为全球大数据领域的盛会，促进大数据行业的技术发展和应用。同时，贵州的青山绿水、矿产资源等宝藏为政府数据开放共享提供了丰富的素材与保障，助力当地政府数据开放政策的制定实施；青岛作为海滨城市，从整体上看，与沿海地区上线的政府数据开放平台相连成片发展；济南市作为山东省省会城市，与青岛市相辅相成，竞相开放数据；发展新时代大数据文化，广州市作为早期政府数据开放的地区，以"群落式"形式不断发展数据开放共享文化。青岛、广州、济南、哈尔滨各地制定专门针对政府数据开放的地方性法规与社会公众互动，营造了良好的数据开放社会环境。

二 规范开放政策主客体

2015 年国务院发布国家大数据战略以来，中共中央、国务院加快了相关政策的制定步伐，可见我国将政府数据开放共享已纳入顶层设计阶段，中央政府和中央职能部门扮演着主体角色，在国家层面，虽然有多份政策文本规定了数据开放和共享，政府在制定政策过程中，政府、数据利用者和社会公众共同构成了一个生态系统。政府部门作为供给侧将数据开放出来，数据利用者作为需求端对数据进行利用，并以其开发的创新应用服务于社会公众，数据利用者和社会公众又进一步共同推动政府开放数据。在这个生态系统中，政府部门是原材料的提供者，数据利用者是加工者，社会公众是最终受益者，取之于民，用之于民，这也是政府将数据开放和共享的目标之一。因此主体作为政策的输出口，必须统一开放标准，进行规范操作，防止人为设置数据壁垒和政策障碍。

地方政府作为数据开放共享政策制定的主体发布各项基本政策，同时，政府的各部门也作为一系列政策实施的作用对象，负责采集、汇编、发布和维护更新各项数据，充当着政策客体。此外社会各领域、各不同社会群体在对数据进行利用时自然成了政策目标群体。前文中提及的广州、济南、青岛、贵阳、哈尔滨等城市关于数据开放共享的政策多是由政府办公厅及大数据管理局官方发布，但同样存在各部门如广州市工业和信息化局、政务办，《青岛日报》，青岛市交通运输委员会这样的机构一同发布关于推进数据开放共享的政策文本。因此，规范开放政策制定的主体也显得尤为重要，同样地方政府若对文件做统筹整理，明确发布主体，统一协调，由地方政府与当地大数据管理局主导，二者相辅相成，以便共同推进政府数据开放政策发展。

三　用好政策工具"组合拳"

结合第二章第一节分析，从国家层面来看，结合国家文件中相应的条文，政策兼顾了供给面、环境面和需求面政策工具，从多个方面促进和激励了政府数据开放的发展。但是，这三种政策工具在具体运用上出现了明显的差异化。供给面政策工具共有 55 项条款，占基本政策工具的58％；环境面政策工具共有 34 项条款，占基本政策工具的 36％；需求型政策工具共有 6 项条款，仅占 6％。[①] 这表明中央政府目前更倾向于采取直接推动政府数据开放的策略，通过人力、物力、财力等基础方面的支持，力求给数据开放提供源源不断的动力。

---

① 范丽莉、唐珂：《基于政策工具的我国政府数据开放政策内容分析》，《情报杂志》2019 年第 1 期。

　　由于在我国现阶段的政府数据开放整体还处于落后状态，所以供给面政策工具使用过溢，具体体现在科技信息支持和基础设施建设政策工具应用最为广泛，国家十分重视硬件设施的建设。科技信息支持和基础设施建设是政府工作的重中之重。相比之下，教育培训、资金投入和公共服务则处于劣势地位。我国现在实行人才强国战略，人是生产力的第一要素，是推进政府数据开放的关键要素。政策中虽然对人才培养有所体现，但却不足，应引起政府的足够关注，积极发挥人的主观能动性。政府数据作为一种特殊的公共产品，既具有私人产品的特征，也具有公共产品的特征。但是对于政府开放的数据总体而言，其更多的是公共性在发挥主体作用，这与政府职能相吻合，所以政府必须严格履行其提供公共服务的职能，向社会开放相关的信息资源和信息数据。相比之下，环境面政策工具的外部影响力和间接渗透作用则稍逊一筹。在环境型政策工具中，法规管制使用频率最高，随后依次是目标规划 35.3%，知识产权保护 5.9%，金融支持 2.9%，而税收优惠则没有涉及①。在政策工具的延伸利用上，税收优惠则是一个空白。而需求面政策工具发挥的作用不大，没有引起政府的足够重视。在需求型政策工具中，政策工具应用较少，仅有 6 项条款涉及公共技术采购和服务外包，分别占比 66.7% 和 33.3%。而贸易管制、消费端补贴、海外机构管理则并未涉及，需求型政策工具对政府数据开放的拉动作用起效甚微。② 这从某种程度来说，目前在政府数据开放政策工具选择上中央政府还是以供给面环境政策为主，表现出了一定的倾向性。

　　从地方层面看，本书第三章中实证研究的地方政府广州市、青岛市、济南市、贵阳市、哈尔滨市，之所以在数据开放共享进程上领先于全国其他城市，在政策工具使用上合理运用科技投入、人才培养、信息服务等供给面政策工具，取得较明显的开放效果。如科技投入方面："广州市

---

　　① 范丽莉、唐珂：《基于政策工具的我国政府数据开放政策内容分析》，《情报杂志》2019 年第 1 期。

　　② 范丽莉、唐珂：《基于政策工具的我国政府数据开放政策内容分析》，《情报杂志》2019 年第 1 期。

政府数据统一开放平台"正式上线运行，政府在数据开放共享工作上，通过技术研发进行平台设计、搭建与维护；青岛市构建本市公共信息资源开放平台，运行"青岛公共数据开放网"；济南市2018年推出"济南公共数据开放网"并运行；贵阳市2015年通过市政府办公厅首次印发的《贵阳市政府数据交换共享平台推进工作方案》，详细规划安排对贵阳市政府数据交换共享平台的搭建工作，贵阳市政府数据开放平台于2016年年底正式上线运行；哈尔滨市政府数据开放共享平台于2016年正式上线运行。人才培养方面：广州市海珠区政务办为快速适应大数据战略发展节奏，2019年，召开政务信息资源共享培训会议；青岛市人民政府发布《关于促进大数据发展的实施意见》，对青岛市大数据发展人才培养作出要求，其中包括公共数据资源的开放与共享发展；济南市2019年对数据开放平台进行升级后，立即召开培训会，对新平台的使用等内容作了培训指导；贵阳市组建政府数据共享开放工作推进指挥部，专门负责政府数据开放相关工作；哈尔滨市2017年成立"数据开放工作专项推进组"，负责配合市工信委大数据局制定数据开放政策、规则等工作，同时，哈尔滨市开展政府数据开放工作培训会议，对政府数据开放工作进行人才培养。信息服务方面：在制定数据开放共享政策文本过程当中，地方政府需要各部门之间通力合作提供信息服务。如《海珠区人民政府关于印发海珠区政务信息资源共享管理暂行办法的通知》等文件制定与实施过程中，均涉及政府部门间、政府与外界间以及各其他参与主体间的数据信息申请、获取、共享、利用等环节。青岛市、济南市、贵阳市、哈尔滨市均以同样的方式提供信息服务。

因此，在如何打好政策工具"组合拳"方面，笔者建议：

（一）优化供给面政策工具组合结构。首先，在进行"供给侧改革"时，应该关注到教育培训、资金投入和公共服务政策工具对数据开放的积极推动作用。未来数据的发展主要是信息和技术的发展，在保证科技信息支持和基础设施建设完善的前提下，适当降低使用频率，调整政策结构，合理运用其他政策工具。其次，加大对数据人才的培养，对相关的工作人员进行培训，提高其工作技能，加强意识形态领域对政府的数据开放工作的认可，提高工作的积极性。同时，在资金投入上应加大投入力度和细化政策内容，规定具体的负责部门，落实情况，定时汇报资金的使用进度等。最后，政府部门要切实履行其提供公共服务的职能，为数据开放提供一系列必要的配套服务，使科技信息支持、基础设施建设、教育培训、资金投入和公共服务等政策工具发挥的作用能够最大化，形成稳固的政策工具结构。

（二）重视环境面政策工具的辐射性。不同于供给面和需求面政策工具对数据开放的直接作用，环境面政策工具的外部影响和渗透作用需要经过一个周期的考验才能显现。我国政府经历着从管理型向服务型政府转变的过程。管理型政府倡导政府更多地进行管制和干预，这也体现在法规管制政策工具运用的频繁上。因此，政府要适当控制法规管制政策工具的运用，细化相关政策内容，提高政策的可实施性，发挥各部门的能动作用。除了合理运用法规管制政策工具外，还要增加和细化金融支持、税收优惠等政策工具的使用力度。合理进行目标规划，把一些宏伟的目标细化到每个阶段可实现的小目标，加强政策执行力。积极鼓励民间资本、企业、机构等团体参与到政府数据开放中，加大财政补贴力度，加强税收优惠，提高其参与积极性。除此之外，对于知识产权的保护应引起足够的重视。我国对于现在所开放的数据归属权没有清晰的界定，对于二次利用已开放的数据所形成的知识产权并没有严格的规定，存在着一系列的漏洞，不利于激发人们对数据价值挖掘的热情。这些应该在之后政策调整制定时多加考虑，完善产权保护，明确标准和界限，建立数据使用专利制度，惩罚侵权行为，保护个人利益不受侵害。

（三）提高需求面政策工具的使用率。政府现阶段面临的主要问题之一就是数据开放平台的建设。《国务院关于印发促进大数据发展行动纲要的通知》规定了我国将在 2018 年年底前建成国家政府数据统一开放平台。所以政府应该加强需求型政策工具的运用，发挥其拉动数据开放的作用。政府的精力有限，难以投入全部的人力、财力和物力来建设数据开放平台。而把这种技术性工作外包给拥有足够技术的企业，不但能够减轻政府的压力，还能够增强社会对政府工作的支持。况且企业能够将其大部分的精力投入政府的外包项目中，以其足够的专业技术、人员知识、资金保障建设数据开放的基础设施。对于数据的消费者和客户群，政府应进行适当的补贴，减少他们在利用数据时产生的成本，提高数据使用效率。为数据产品的流通提供良好的市场环境，加强管制，出台相应的管理措施，规范生产者和消费者的行为，减少贸易壁垒，避免数据垄断，使数据产品真正能够为使用者服务，提高市场对数据的需求力。

（四）平衡三类政策工具结构，实现政策工具多元化。政府目前对供给面政策工具具有一定的偏爱性。供给面、环境面和需求面政策工具现处于一种不平衡的状态，这种局面应该尽早打破，政策工具的着力点应该从供给面逐渐扩散完善到环境面和需求面，在供给端和需求端两侧发力，发挥政策的"推—拉"作用①，建立供给面、环境面和需求面之间的稳定架构，防止政策工具过于倾斜导致的作用失效和政策碎片化。在之后的政策制定中要加强政策工具选择的合理性和系统性，完善政策体系，建立数据开放相关部间的协同机制，提高政策工具的执行力和实施效力，只有这三种政策工具之间配合得当，才能加快我国的数据开放的进程。

四　制定完整的数据开放政策内容

完整的政府数据开放政策体系应涵盖以下几个方面：数据创建与收集、数据发布、数据共享、数据利用、数据监管、数据质量、数据安全与隐私等贯穿数据生命周期的数据管理政策。

（一）平台的数据创建与收集

数据创建与汇集是政府数据开放共享的起点，数据质量亦需要从源头控制。我国政策要求建立各部门信息采集制度、建立政府与社会互动的数据采集机制。目前仅国土资源部和中国地震局对数据创建有专门的规定。中国地震局对数据创建的关注更早、内容也更系统，而国土资源部的政策对数据质量给予了较高的关注。整体来说，有关数据创建的政策相对较为薄弱。数据收集相关的政策相对较多，政策内容主要涉及汇交责任、汇交内容、汇交方式和时间以及质量控制，但政策均难以适应

---

①　化柏林、李广建：《面向情报流程的情报方法体系构建》，《情报学报》2016年第2期。

开放数据的新环境。数据的创建与收集主要包含数据格式及数据开放标准。各级地方政府受其使用的电子产品、软件、文件格式等限制，在数据创建初始，尚未形成统一的标准，于是在随后对相关数据的收集产生影响，包括统筹数据、数据创建格式、数据收集方式。经调研发现，政府部门大量收集来自企业、个人、社会组织以及事业单位的数据，但由于在数据创建或采集之初不规范，使数据不准确，给数据开放带来困难。因此，在收集数据创建/收集政策方案的基础上，建议：

1. 在遵守开放政府数据的基本原则和开放标准的前提下创建与收集数据。《开放政府数据 8 项原则》要求①，数据必须是完整的、原始的、及时的、可获取的、机器可读的、非歧视的、非专有的、许可免费的。美国、英国等国家均在其开放数据法案或政策中确立了开放数据的基本原则和要求，即开放数据需采用机器可读的、非专有的、可重用的格式。

2. 在创建数据的同时创建元数据。首先，创建数据时需要创建通用元数据和可扩展的元数据。政府机构、社会组织以及私营企业等应创建机器可读的元数据，以促进与其他数据和元数据的互操作性。其次，根据用户需求创建和收集数据及其元数据，从数据开放和再利用的角度考虑创建何种数据以及数据的质量要求，用户应向数据生产者提供需求反馈。

3. 开放数据提供者提供其创建数据的概况，如创建了哪些数据集、数据集类型、并发布数据创建流程，为用户提供元数据无法提供的背景信息。

4. 政府收集的应是原始来源的数据，包括政府收集的原始信息，收集数据的详细信息以及记录数据收集的原始来源的文档；数据具有最高级别的细粒度。

5. 多主体参与数据创建与收集。数据获取提供者参与数据收集，充当数据创建者与用户之间的桥梁。除此之外，可以实施跨部门和跨界数据共建，以需要共同创建和收集的数据为纽带开展合作与规划，同一主

---

① Open Government Working Group. Eight Principles of Open Government Data（2018 - 09 - 10），http：//opengovdata. org/.

题的数据以同一标准格式和统一的定义创建。

6. 创建数据详细目录或机构范围内完整的数据资产清单,通过清单机构内跨部门和项目的数据资产逐步收集。

7. 优化数据收集方法,如使用数据收割原则,将一个门户网站的数据集整合到另一个门户网站。收集来自本地门户网站的便捷的数据集,以统一的方式无缝地、自动地,并且几乎没有时间的延迟,可以重新使用。为确保信息源的统一性,可以采用语义网技术整合不同来源的数据。

数据创建与采集对数据质量控制而言,既是关键环节,也是薄弱环节。在整个数据生命周期中,数据质量如果在创建与采集阶段没有得到很好的控制,在后续的一系列环节中都难以控制或改善。因此在数据创建和采集阶段就需加强数据质量控制,在政策中应就数据创建与采集中的数据质量责任加以明确。

(二) 数据发布

政府持有的很多数据是适合与社会共享的国家资产,只有开放才能释放其潜能。国家政策已经明确了优先发布数据的类型,并要求制定数据开放相关政策和机制。现有的政策包含发布的责任、发布的内容、发布的形式以及发布前的审核等内容。而在实际的数据发布过程中,哪些数据可以开放,哪些数据不能开放,以及采用怎样的流程开放,从上到下没有明确的政策文件,而且很多政府数据对开放的尺度难以把控,政府开放数据的动力不足。因此建议:

1. 制定数据发布的法律框架。政府数据发布需要有强有力的法律框架。一些国家已着手数据发布与共享立法。如澳大利亚政府为推动数据开放,着手实施立法改革。新的数据共享和发布立法将促进非敏感数据集的更大发布和更大的基于风险的可识别数据共享。

2. 建立数据发布原则。政府发布数据需要建立数据发布的基本原则。2015 年澳大利亚首都地区政府发布的《主动发布数据(开放数据)政策》[*Proactive Release of Data(Open Data)Policy*] 提出政府数据开放的原则。

3. 明确对发布数据的要求。在对发布数据的要求方面,具体包括:

①遵循开放数据的标准和要求，采用最大技术访问的数据格式，使发布的数据具有较高的质量。②发布批量数据，满足用户批量下载的需要。③提供针对具体目标群体设计开放的政府数据①。④具体化数据发布的方法和工具，如使用技术方法和组织方法发布数据、使用标准化的工具发布数据。⑤发布数据的同时发布其元数据。⑥使用唯一标识符，提高数据分析的质量和准确性。⑦发布数据的同时发布数据创建过程，使用户了解背景信息。⑧持续发布数据并更新。⑨在相同的开放许可下发布数据，使数据能够免费再利用。⑩将开放的数据传递给特定目标群体。制定国家数据发布计划，分重点、分步骤发布公共数据。

4. 确定开放/不开放数据的类型。首先是确定发布/不发布的数据集。选择发布的数据集有 3 种途径：将发布在公共领域中的数据升级为开放数据；遵循国际最佳实践，发布 G8 开放数据章程、开放数据晴雨表和 OKFN 开放数据指数中定义的关键数据集和高价值数据集；按照需求驱动方式。明确不发布的数据集，并列出清单，阐明不发布的具体理由。其次是确定哪些数据优先发布。确定数据发布优先级的方法。阳光基金会提供了几种确定数据发布优先级的方法或因素②：各种目标、行动者和事件；公众直接参与；发布个别数据集的成本。同时优先发布高价值的、关键的数据集。政府也应创建用户参与促进和优先处理数据发布的流程③。

5. 制订数据发布计划，优化数据发布流程。在具体的数据发布政策上要求制订数据发布计划，明确政府数据通过政府门户网站、新闻发布会、公告等多种形式官方发布数据，同时要加强数据发布的真实性与可

---

① Federal Ministry of the Interior, Open Government Data Germany （2017 - 09 - 26）, https：//cdn1. scrvt. com/fokus/8414f0b740831251/b88e6b34c5e755316eaf47d5aca 824c4/SQC_Study_Open_Government_Data_Germany_EN. pdf.

② Sunlight Foundation, Open Data Policy Guideline （2018 - 09 - 26）, https：// sunlightfoundation. com/opendataguidelines/.

③ S. M. Burwell, S. Vanroekel, T. Park, et al. , Open Data Policy - Managing Information as an Asset （2018 - 09 - 26）, https：//project - open - data. cio. gov/policy - memo/.

靠性，是否涉及影响国家安全等方面的审核。如广州市公开数据涉及道路交通、城市服务、公共安全等 16 个数据主题；贵阳市数据发布涵盖经济管理、教育科技、军事国防等 20 个主题，涉及生态文明、公共安全、交通运输、社会发展等 14 个领域；哈尔滨市开放发布包含公共安全、民生服务、经济建设等 14 个主题，数据涵盖采矿业、制造业、金融业、科技服务业等 19 个领域。在数据利用方面已开放涉及公共安全、民生服务、经济建设等主题的 9 个应用 App。青岛市和济南市数据开放平台尚未看到明确的数据发布分类。

数据发布前需从财务、法律和组织框架进行合规性审查。在开放数据初期，可以优先发布不需要额外处理的数据集①。

（三）数据共享

国务院印发的《促进大数据发展行动纲要》明确指出数据的开放共享是国家数据战略的核心，正文中"共享"共出现 59 次。国务院《政府信息资源共享管理暂行办法》提出政务信息资源共享以"以共享为原则，不共享为例外"和"需求导向"为原则，为政府明确数据开放共享落实了政策导向。但是现今，国家统一的数据共享开放平台尚未出台，说明政府对数据共享仍保持摸索谨慎的态度，且各地方政府开放数据具有敏感保密性，故各地方政府"信息孤岛"现象仍然亟待解决。建议数据共享政策应包括以下内容。

1. 制定数据开放共享或数据发布法。1776 年瑞典颁布了第一部提供公共信息的法律《新闻报道自由法》，开启了政府信息公开制度的先河。1976 年美国制定实施《信息自由法案》，旨在促进美国联邦政府信息公开化。承认个人获取信息的权利，为促进数据开放提供了强有力的基础，是公共部门改革的技术工具主要的法律依据。《信息自由法案》《透明度和开放政府》和《开放政府指令》作为三个关键性的文件，为美国开放数据平台提供法律依据。随着开放数据的发展，很多有信息自由立法基

① Federal Council, Open Government Data Strategyfor Switzerland 2014 – 2018 (2018 – 09 – 26), https：//www. egovernment. ch/en/umsetzung/e – government – schweiz – 2008 – 2015/open – government – data – schweiz/.

础的国家均开始修订各自的《信息自由法案》。

在我国，保障公民信息获取权利的主要是 2007 年颁布的《政府信息公开条例》。但 2019 年新修订的版本并没有涉及数据开放共享的相关内容。因此需要着手数据开放共享立法工作。

2. 推动数据共享立法。国际上有很多国家除了《信息自由法》外，还有数据共享相关法。除有保障一般公民信息共享获取的法律如《电子政务法案》外，还针对特殊群体的信息获取专门作了规定。既建立残疾人全面获得在线信息和服务的政策和标准，如美国《康复法案》《电讯法案》确立了残疾人获取政府信息的标准，也保障英文读写能力障碍的公民获取信息。我国可以不断建立并完善保障公民数据获取的相关法律。

3. 建立国家开放数据平台及相关政策。开放数据门户网站是用户搜索、浏览数据的中枢，用户通过国家开放数据门户网站获取已公布的数据。因此应编制使用门户网站的指南。遵循 W3C 网站设计无障碍基本原则，建立政府网站无障碍指南或标准，并对网站的可访问性进行审查和报告。平台具有搜索功能，使网站内容易于被搜索引擎索引和搜索；提供开放数据公众参与；提供多个设备访问政府信息的途径；遵守第三方网站和应用程序要求；确保信息质量和准确性；确保残疾人士的无障碍获取；使用朴素的文字；提供多语言内容；确保获取强制性内容；确保网站外观一致等。

4. 明确数据开放格式或标准共享。确保数据可以以开放或机器可读的方式获取。通过使用开放格式和标准来确保数据可供更广泛的受众访问。提到的开放标准包括确保格式不是某些软件或硬件专有的，例如 CSV、XML、XLS 和 RDF。

5. 提供发布数据的元数据。潜在用户在政府中找到他们需要的数据可能并非易事，因为在中央政府一级划分了不同的部门，市政和区县的行政结构也很复杂。如果国家开放数据门户网站收集了可帮助定位的每个数据集中的元数据，元数据就可以帮助使用开放数据，通过描述、分类和组织信息，用户可以获取数据的背景信息，提高正确解释开放数据和从中提取知识的机会。元数据还可以描述数据集的质量、准确性和完整性。政府通过共享其元数据使用户可以在第三方搜索服务中更便捷地使用数据。

6. 消除共享数据的限制。数据的目标应该是提供广泛的、非歧视性的、免费的数据访问，以便任何人都可以随时访问信息，而无须识别他/她自己或提供任何理由。开放数据平台上提供的数据应使数据用户能轻松获得。因此，公共数据不必申请或注册，不必要求用户的详细信息①。开放政策可以增加免责声明，但不应对谁使用以及用于何种目的的使用作限制②。同时，公开政府数据的核心原则之一就是免费提供，数据应免费，尽可能地让公众获取数据。除此之外，数据提供者应创建获取信息的API。政府机构可以开发 API 或应用程序编程接口，允许开发人员以编程方式实时自动搜索、检索或直接从数据库在线提交信息③。创建永久、持续的数据获取。为稳定公众不断利用数据的信心，政府应该定期发布、维护和更新供社会使用的数据。例如企业必须保证他们得到的数据具有连续性，才能使企业的投资得到保障。数据更新应记录在案，便于公众利用。通过开放许可和技术扩大数据获取。

（四）数据利用

数据再利用是在公共任务之外的任何商业或非商业目的的利用。目前我国政策要求积极推动数据的创新应用。结合国外在政府信息再利用政策方面的经验，笔者建议：

1. 制定数据重用政策。为支持开放数据再利用，欧盟于 2013 年修订了公共部门信息重用（PSI）指令（2013/37 / EU 指令），鼓励广泛的可用性和重新以私人或商业目的使用公共部门的信息。欧盟成员国也大多制定了 PSI 指令，推进数据重用。公共部门信息重用政策主要包括如下内容：①明确数据利用权利及其具体的保护对象。②建立标准的利用条款。③使用数据集的条款应该对其重用进行最小限制。④明确数据版权。

---

① Public Sector Transparency Board, Public Data Principles（2019 – 03 – 26），https：//data. gov. uk/library/public – data – principles.

② Sunlight Foundation, Open Data Policy Guideline（2019 – 03 – 26），https：//sunlightfoundation. com/opendataguidelines/.

③ Sunlight Foundation. Open Data Policy Guideline （2019 – 03 – 26），https：//sunlightfoundation. com/opendataguidelines/.

⑤在许可的基础上建立重用数据集的条款。制定开放政府许可证的关键是创建一个许可证，该许可证实现①：可与其他国际公认的标准归属许可模式，如知识共享（Creative Commons）和开放数据共享（Open Data Commons）互操作；涵盖版权和数据库权利；通过避免重新用户注册和申请许可证来实现更多功能；机器可读；简单且合法稳健；具有足够的灵活性，可以在公共部门采用。⑥提供利用的方式。积极为数据开发商或科研机构开展定题数据服务，推动数据的广泛利用。⑦采用共同的定价原则。数据获取应是免费的。开放知识基金会指出，数据应全部以不超过合理复制成本的价格提供。澳大利亚和美国有强有力的积极立法，可以免费（或低成本）获取政府信息。根据 2013 年 6 月通过的 PSI 指令，建立了重新使用公共部门文件的权利，默认收费政策是边际成本定价。鉴于政府数据公共物品属性，笔者建议政府应尽可能地免费提供公共数据，积极鼓励开放数据再利用。

2. 建立数据权益政策。开放数据促进了获取政府信息的基本权利。但同时信息权范式正向数据权范式转变，原有的信息立法无法适应当前的开放数据。为此，笔者建议：①审查并修改《政府信息公开条例》。条例应包括规范每个政府组织应定期发布的数据集的最小数量②，明确规定公共部门数据请求具体的响应时间，及时响应数据请求等。②明晰政府数据的版权权属。③通过版权法确定数据的使用条件。④政府数据受版权保护的情况下，应根据许可条款提供访问权限，明确允许其重用和传播。⑤用 CC 许可证作为公共数据再利用的默认许可。⑥各政府使用统一的许可系统。系统应采用透明、易于理解和使用的 CC（Creative Commons）许可方式。⑦选择兼容的或单一的许可。不同组织可能使用不同的许可证，会使许

---

① G. Paterson, J. Nokes, Simplifying PSI Reuse in the United Kingdom：The UK Government Licensing Framework and the Open Government Licence（2019 – 03 – 26），https：//www. europeandataportal. eu/sites/default/files/2011_united_kingdom_simplifying_psi_re_use_in_the_united_kingdom. pdf.

② Open Government Partnership, Third Open Government National Action Plan for the United States of America（2019 – 03 – 20），https：//www. data. gov/meta/open – government – national – action – plan/.

可证不兼容，因此须选择兼容的许可或者选择使用一个特定的许可。⑧明确如何利用和再利用政府和公共部门的信息。⑨最小的许可限制，如消除用户注册。⑩使用简单、标准化的许可条款。应用 CC 词表或 RDF 词表描述许可，使机器可读、应用程序容易获取和理解其条款。

3. 制定公众参与政策。政府数据开放的一个重要原则是参与。公民普遍参与意味着每个人都能够使用、重用和重新分配公共部门的信息①。参与是由公众的需求驱动的，因此数据应符合用户需求，通过需求驱动良性的开放数据生态系统的形成。这方面的政策应包括：①制定公众参与手册。提供公众参与的最佳实践并持续更新。②鼓励公民参与政府决策。③不断扩大公众参与制定规章制度。④组织开展国家性的开放数据创新竞赛活动。如设计竞赛活动政府平台，扩大开放创新活动的影响。⑤发布数据前公开征集公众意见。鼓励利用社交媒体、网络会议、公共咨询征集意见。⑥提供统一的机制，允许用户提供对于开放新数据集的需求和建议。如定制用户需求信息。⑦对每个请求的处理进行监控。⑧开展需求评估。评估不同用户群体的需求层次和性质，以及不同政府之间数据需求的程度。具体的评估方法可以是分析收到的数据请求、网站监控或公众对数据集投票。对各种用户需求和能力的全面评估可以产生良好的信息、数据描述和格式标准、高质量的数据以及满足不同需求的数据管理实践②。⑨提供用户反馈的组织支持。如规划适当的外联活动，并支持围绕数据的对话；通过正式流程、协调机制和专职员工实施互动和反馈机制；建立错误处理和服务框架③。⑩建立连接数据用户与数

①　B. Ubaldi，Open Government Data：Towards Empirical Analysis of Open Government Data Initiatives（2019 - 03 - 20），http：//www. oecd - ilibrary. org/governance/open - government - data_5k46bj4f03s7 - en.

②　S. S. Dawes，N. Helbig，Information Strategies for Open Government：Challenges and Prospects for Deriving Public Value from Government Transparency//M. A. Wimmer，J. L. Chappelet，M. Janssen，et al. ，Proceedings of the 9th IFIP WG 8. 5 International Conference on Electronic Government，New York：ACM，2010：50 - 60.

③　I. Susha，A. Gronlund，M. Janssen，Organizational Measures to Stimulate User Engagement with Open Data，Transforming Government：People，Process and Policy，2014，9（2）：181 - 206.

据源的正式的反馈机制①。

（五）数据监管

政府必须监管数据所有权属问题，以防止侵犯隐私现象发生，并确保合理使用物联网等现代技术。某些成熟的公司会从客户那里收集数据，以开发产品和制定策略。然而，积极的数据收集政策可能会致使公司利用敏感数据操纵客户。例如，脸书向剑桥分析公司披露了数百万用户的机密数据，而剑桥分析公司在2016年美国总统选举中利用这些数据操纵选民。同样，敏感数据也可能被不道德地用于大数据和人工智能。因此，政府必须监管数据所有权，以确保公共数据不会被滥用。如《贵阳市政府数据共享开放实施办法》规定："开放平台是发布全市开放的政府数据资源目录和向公民、法人及其他组织开放政府数据的公共基础平台。市大数据行政主管部门应当组织实施开放平台的建设、维护管理工作。市大数据行政主管部门可以依法委托具备相应信息技术服务条件的机构对前款规定平台进行运行维护管理，并依法签订委托合同，明确双方权利义务"。济南市人民政府办公厅发布《市政府门户网站内容保障管理办法》，提出市门户网站信息管理应遵循"公开透明""资源共享"等管理原则，以促进信息资源共享与利用。广州市与青岛市对于数据监管更多集中于顶层设计。

（六）数据质量

在目前各级出台的各类政策中，涉及数据质量的政策文本少之又少。虽然国务院各部委对数据质量的规定相对较多，但主要集中在数据审核和数据质量评估两个方面。各部委对数据质量控制的政策虽然不多，但很有代表性和针对性。如交通运输部为实施本行业数据资源的开放共享，"从源头保障数据完整性和及时性"。目前仅有广东、山东两省制定了专门针对数据开放质量的地方标准，其中山东省制定的标准体系较为全面，

---

① S. S. Dawes, N. Helbig, Information Strategies for Open Government: Challenges and Prospects for Deriving Public Value from Government Transparency//M. A. Wimmer, J. L. Chappelet, M. Janssen, et al. , Proceedings of the 9th IFIP WG 8. 5 International Conference on Electronic Government, New York: ACM, 2010: 50 – 60.

对山东省各级政务部门的数据开放、数据脱敏以及数据开放程度评价工作均制定了标准。贵州省虽未专门针对数据开放质量制定标准，但在政府数据分级分类的标准规范中也涉及了有关数据开放的内容。总体上说，针对数据质量的政策文本极为欠缺，个别地方只对数据质量的某些方面作出要求，大部分未作出明确要求。笔者在收集数据质量相关证据并寻找提升数据质量的政策方案的基础上，建议：

1. 制定数据质量法。美国《信息质量法案》为开放数据质量提供了法律依据。该法案要求每个数据发布者发布指导方针，以确保并最大限度地提高组织发布的信息的质量、客观性、实用性和完整性。美国开放数据门户网站《数据政策》声明要求所有信息均受《信息质量法》的约束，各机构确认所提供的数据符合机构信息质量准则。2014 年美国通过了《数字责任和透明度法案》（也称《数据法案》）。《数据法案》扩大了2006 年《联邦资金责任和透明度法》，已经建立了政府财务数据的数据标准，以提高政府支出的透明度，从而提高向 USA Spending. gov 提交的数据的质量。其他国家如肯尼亚也在数据质量立法上作出尝试。通过制定数据质量相关法律，适用于发布数据的每个国家。目前我国没有数据质量相关的立法，因此可以制定数据质量法以及相关实施性法规，提升政府开放数据的质量。

2. 建构数据质量保证框架。由于新的数据集是通过整合不同政府部门、研究人员、社会组织和私营企业的不同数据来创建的，因此需要制定和确保数据质量标准。ISO／TS 8000 - 150：2011《主数据：质量管理框架》（*Master Data：Quality Management Framework*）规定了主数据质量管理的基本原则，以及实施、数据交换和来源的要求。澳大利亚政府在参考《开放数据通用评估方法》《澳大利亚统计局数据质量框架》《开放数据成熟度模型》等质量框架的基础上制定了《澳大利亚联邦政府的数据质量框架》。我国国家统计局于 2013 年制定了《国家统计质量保证框架》对统计数据进行规范。虽然政府数据中有很多是统计数据，但开放数据不仅限于统计数据。目前我国国家层面仍缺乏数据质量标准。因此，笔者建议根据 ISO 国际标准，实施全面数据质量管理，制定《数据质量保证大纲》，对涉及数据生命周期的诸多因素进行全过程管理。建立保证数据质量的流程。一方面，应考虑政府内部质量保证流程的机制，将修订流程的结果与每个已发布的数据集相关联。具体来说，应该在发布前检查数据质量，评估数据集是否满足所有定义的质量标准；执行数据聚合、转换或匿名化的验证也需要质量控制。通过在政府内部数据活动中发现数据质量问题，以便组织定期更新数据。另一方面，利用外部质量保证流程。根据数据用户反馈提升数据质量将为数据用户提供更多获取数据动力。

3. 完善数据造假行为处理政策。我国虽然在国家层面缺乏数据质量政策，但个别部门在政策中除明确数据质量责任、进行全生命周期的数据质量管理并进行数据校核和评估外，中国地震局、环境保护部还对数据造假行为作出了规定。特别是环境保护部还专门制定了数据弄虚作假行为处理相关的政策。数据来源既有政府部门，也有个人和企业，为确保开放数据的质量，国家可以借鉴环境保护部的政策，制定相关政策认定数据造假行为，并依法进行处理。

（七）数据安全与隐私

大多数领域主要集中于顶层设计、保障机制、统筹管理、信息孤岛、部门网站等影响政府数据开放共享的问题。但关于数据权属公民隐私诉求问题极少被提及。关于数据安全与隐私问题，书中所提及具有代表性的几个地方政府，均未对此部分作条例及规定，同样，这也是地方政府针对数据开放共享政策内容需要进一步完善的地方。

1. 网络安全政策

网络安全为政府数据开放提供基本的网络环境。随着网络的发展，我国将网络安全置于重要的战略地位。2016 年 11 月，我国颁布了《网络安全法》。此后，网络安全、国家信息安全相关政策的制定紧锣密鼓。《国家网络空间安全战略》（2016 年 12 月）、《信息通信网络与信息安全规划（2016—2020）》（2017 年 1 月）、《网络产品和服务安全审查办法》（2017 年 5 月）、《网络安全等级保护测评机构管理办法》（2018 年 3 月）等相继发布。但是随着大数据、数据开放的发展，相关的法律、法规和政策需要不断完善。因此笔者建议修订相关的政策，在政策中明确网络安全对开放数据的基本保障，并将关键基础设施网络安全等作为重点保障领域。

2. 国家安全信息分类政策

我国政府数据开放共享政策要求对政府数据进行分级分类管理。目前我国仍然缺乏针对国家安全信息分级的政策。而美国、英国在安全信息分类与评级方面的政策较多。如通过 13526 号行政命令《分类的国家安全信息》（*Classified National Security Information*），对政府信息进行了分类，对不应再向公众保留的大量政府信息进行解密。随着开放数据的发展，美国、英国对国家安全信息分类的政策出台也变得密集。2010 年 13556 号行政命令《受控未分类信息》（*Controlled Unclassified Information*）专门用以规范处理需要保护或控制传播的非机密信息。英国政府机构采用《政府保护性评分框架》，它将数据分为非机密、保护、限制、秘密、机密和绝密。2013 年 10 月，英国政府发布了《政府安全分类纲要》取代了评分框架。笔者建议，我国国家安全信息分类政策可以借鉴这些政策为数据分类和解密提供政策指导。

3. 个人隐私保护政策

由于现在跨境数据流动频繁，对于全球经济社会和国家的发展而言，隐私保护制度应该支持开放、安全、可靠和高效的数据流动，同时减少隐私风险，强调使用个人资料时的责任行为。目前我国国家战略要求制定个人隐私保护政策，而在实际的数据开放实践中，存在个人隐私问题，使政府开放数据都极其谨慎。因此笔者建议：①建立个人数据保护框架，保护公民个人的数据安全。②设置专门的隐私保护机构，为政府数据开放的隐私政策和问题提供咨询和支持。③任命隐私保护专业人员。④授予个人数据保护权利，实施隐私告知和许可。⑤开展隐私影响评估。确保政府开放数据的程序符合所有适用的隐私要求①。⑥将隐私分析纳入信

---

① Open Government Partnership, Third Open Government National Action Plan for the United States of America（2019 – 02 – 20），https：//www. data. gov/meta/open – government – national – action – plan/.

息生命周期的每个阶段①。⑦制定持续的隐私监控策略，以确保隐私和安全控制正常运行。⑧制定特权用户访问敏感数据的政策，防止特权用户利用占有数据的便利，肆意泄露和滥用个人数据。⑨建立技术和组织措施，使个人数据与其他数据分离，如有必要采取法律措施②。

4. 电子身份认证政策

为推动数字经济的发展，个别国家制定了《电子交易法》，而在实际的交易过程中，需要对个人身份进行认证。美国《联邦政府机构电子认证指南》（*E – Authentication Guidance for Federal Agencies*）为各机构对电子交易进行"电子认证风险评估"提供了指导。我国在政策中要求制定电子认证相关的政策，笔者建议可以以美国电子认证指南为参考制定相关的政策或指南，推动数字经济中的数据交易。

五　加强政府数据开放共享政策体系保障建设

地方政府数据开放的意识逐渐形成后，数据开放的内容与种类"因地制宜"，尽可能满足公众对数据的需求进行开放。同样，随着数据开放共享概念深入人心，与之相应的数据开放政策保障发展却相对滞后。政策保障体系建设，不仅需要国家宏观把控，同时需要由国务院和信息管理中心一同制定各项政策和文件，并在政府各部门和各级地方政府的管理过程当中得到具体执行，由各级地方政府和各部门的信息管理中心负责政策的实施保障。目前只有贵州省、天津市和贵阳市通过了地方性法规，为当地政府数据开放提供了有力的法律保障。笔者建议：

（一）保障数据开放标准

政府采用统一的标准对外开放数据，才能保证数据质量，实施数据开放平台系统对接，共享开放平台，实现联机查询、批量下载等功能，

---

① S. M. Burwell, S. Vanroekel, T. Park, et al., Open Data Policy – Managing Information as an Asset （2019 – 02 – 26）, https：//project – open – data. cio. gov/policy – memo/.

② Federal Ministry of the Interior, Open Government Data Germany （2019 – 02 – 26）, https：//cdn1. scrvt. com/fokus/8414f0b740831251/b88e6b34c5e755316eaf47d5aca 824c4/SQC_Study_Open_Government_Data_Germany_EN. pdf.

充分发挥开放数据的价值。一方面，所指定的数据标准应该由统一的部门主导，业务部门具体执行。政府门户网站中的数据开放虽经过严格筛选，但政府也要采取严格的网络安全措施保护网站安全运行及其开放的数据不受侵犯，健全安全访问控制机制，防止非授权用户对网站内容肆意更改。另一方面，网站信息另做其他方式的备份，便于发生故障时进行恢复，声明保密政策，对公众的个人信息充分予以保护。

（二）保障数据管理

开放政府数据的工作主要由国家信息管理中心统一管理。国家信息管理中心主要负责相关政策及法规的起草和制定，并向各机构执行开放数据标准和技术指导。地方各级政府分别设立省政府信息管理中心和市政府信息管理中心，运营并维护本级政府数据开放平台，统一发布各类有效数据。国家信息管理中心在顶层设计方面做好政策的修改和制定、数据标准和分类目录的修改与制定。具体体现为，资金保障是为政府数据开放工作提供有力的经费保障，要求指定专人负责数据开放工作和开展数据开放工作业务培训。地方各级政府信息管理中心负责数据存储、数据安全维护、数据管理等工作。

（三）保障服务

政府利用开放平台是解决数据隐私安全和使用许可的重要途径，政府数据开放平台给社会提供了有效便捷的数据信息，同时也带来了个人隐私的泄露隐患。规定使用许可权属可以很好地规避隐私泄露等问题。在获取数据服务的过程当中，很重要的两个方面指数据的隐私安全和数据的使用许可，这两个过程在数据开放平台进行。在服务的过程中如果不能很好地保护公众的隐私信息，可能会造成公众对数据开放工作不予支持，而政府开放数据是需要社会成员积极参与配合才能达到发挥数据价值的目的。如果数据的使用许可限制过于严格的话也会影响数据的使用，有关部门应进一步放开数据的使用许可，降低数据的使用成本和使用门槛，这样能够更大程度发挥数据的价值，也符合政府数据开放的初衷。

参考文献

中文文献

［美］E. R. 克鲁斯克等：《公共政策词典》，唐理斌等译，上海远东出版社 1992 年版。

白献阳：《美国政府数据开放政策体系研究》，《图书馆学研究》2018 年第 2 期。

［美］保罗·A. 萨巴蒂尔：《政策过程理论》，彭宗超、钟开斌等译，生活·读书·新知三联书店 2004 年版。

蔡婧璇、黄如花：《美国政府数据开放的政策法规保障及对我国的启示》，《图书与情报》2017 年第 1 期。

陈美：《澳大利亚中央政府开放数据政策研究》，《情报杂志》2017 年第 6 期。

陈美：《德国政府开放数据分析及其对我国的启示》，《图书馆》2019 年第 1 期。

陈广胜：《走向善治》，浙江大学出版社 2007 年版。

陈美：《美国开放政府数据的保障机制研究》，《情报杂志》2013 年第 7 期。

陈美：《基于整体性治理的澳大利亚信息政策研究》，《情报理论与实践》2015 年第 4 期。

陈立枢：《中国大数据产业发展态势及政策体系构建》，《改革与战略》2015 年第 6 期。

陈庆云：《公共政策分析》，北京大学出版社 2011 年第 2 版。

陈振明：《政策科学》，中国人民大学出版社 1998 年版。

丁念、夏义堃：《发展中国家开放政府数据战略实施中存在的问题与启示》，《党政视野》2015 第 Z1 期。

范丽莉、唐珂：《基于政策工具的我国政府数据开放政策内容分析》，《情报杂志》2019 年第 1 期。

付俊文、赵红：《利益相关者理论综述》，《首都经济贸易大学学报》2006 年第 2 期。

化柏林、李广建：《面向情报流程的情报方法体系构建》，《情报学报》2016 年第 2 期。

黄如花、温芳芳：《我国 2018 年底前建成政府数据统一开放平台》，《电子世界》2015 年第 18 期。

黄如花、温芳芳：《我国政府数据开放共享政策问题的构建》，《图书情报工作》2017 年第 20 期。

黄思棉、张燕华：《当前中国政府数据开放平台建设存在的问题与对策研究——以北京、上海政府数据开放网站为例》，《中国管理信息化》2015 第 14 期。

焦海洋：《中国政府数据开放应遵循的原则探析》，《图书情报工作》2017 年第 15 期。

兰霖：《我国政府数据开放：现状、问题及完善策略研究》，硕士学位论文，西北大学，2018 年。

李晓彤、翟军、郑贵福：《我国地方政府开放数据的数据质量评价研究——以北京、广州和哈尔滨为例》，《情报杂志》2018 年第 6 期。

李勇军：《公共政策》，浙江大学出版社 2013 年版。

梁之栋：《公共政策分析与研究》，西安交通大学出版社 2017 年版。

林永波、张世贤：《公共政策》，五南图书出版公司 1987 年版。

刘闯：《美国国有科学数据共享管理机制及对我国的启示》，《中国基础科学》2003 年第 1 期。

刘甲学：《我国地方政府数据开放平台建设现状及问题分析》，《经济研究导刊》2019 年第 35 期。

刘增明、贾一苇：《美国政府 Data. gov 和 Apps. gov 的经验与启示》，《电子政务》2011 年第 4 期。

陆健英、郑磊、Sharon S. Dawes：《美国的政府数据开放：历史、进展与启示》，《电子政务》2013 年第 6 期。

马海群、徐天雪：《我国政府数据安全政策评估体系构建研究》，《图书馆理论与实践》2018 年第 1 期。

毛信德：《当代中国词库》，航空工业出版社 1993 年版。

莫富传：《贵阳市政府数据开放共享体系研究》，《图书情报研究》2019年第 2 期。

［美］奈斯比特：《大趋势：改变我们生活的十个新方向》，梅艳译，中国社会科学出版社 1984 年版。

宁骚：《公共政策学》，高等教育出版社 2011 年版。

［美］帕顿、［美］沙维奇：《公共政策分析和规划的初步方法》，孙兰芝、胡启生、顾平安等译，华夏出版社 2002 年版。

谭必勇、刘芮：《我国地方政府开放数据政策研究——以 15 个副省级城市为例》，《情报理论与实践》2018 年第 11 期。

［美］托马斯・戴伊：《理解公共政策》，谢明译，中国人民大学出版社2011 年版。

汪雷、邓凌云：《基于大数据视角的政府数据开放保障机制初探》，《情报理论与实践》2017 年第 2 期。

王晶：《美国政府数据开放政策最新进展及启示》，《信息通信技术与政策》2019 年第 9 期。

［美］威廉・邓恩：《公共政策分析导论》，谢明、伏燕、朱雪宁译，中国人民大学出版社 2010 年版。

吴逊、［澳］饶墨仕、［加］迈克尔・豪利特、［美］斯科特・A. 弗里曾：《公共政策过程：制定、实施与管理》，上海格致出版社 2016年版。

伍启元：《公共政策》，商务印书馆 1989 年版。

肖卫兵：《政府数据开放机制的建立和完善：结合〈政府信息公开条例〉谈起》，《理论探讨》2015 年第 4 期。

谢明:《公共政策导论》,中国人民大学出版社 2011 年版。

杨瑞仙、毛春蕾、左泽:《我国政府数据开放平台建设现状与发展对策研究》,《情报理论与实践》2016 年第 6 期。

余丽、张涛:《美国数据有限性开放政策及其对全球网络安全的影响》,《郑州大学学报》(哲学社会科学版)2019 年第 5 期。

俞可平:《治理与善治》,社会科学文献出版社 2000 年版。

张国庆:《公共政策分析》,复旦大学出版社 2004 年版。

张金马:《政策科学导论》,中国人民大学出版社 1991 年版。

张宁、屠健:《贵州省政府开放数据政策文本分析及平台调研》,《公共图书馆》2018 年第 4 期。

张亲培:《公共政策基础》,吉林大学出版社 2009 年版。

赵润娣:《国外开放政府数据政策:一个先导性研究》,《情报理论与实践》2016 年第 1 期。

郑磊、韩笑、朱晓婷:《地方政府数据开放平台研究:功能与体验》,《电子政务》2019 年第 9 期。

周大铭:《我国政府数据开放现状和保障机制》,《大数据》2015 年第 2 期。

周文泓:《加拿大联邦政府开放数据分析及其对我国的启示》,《图书情报知识》2015 年第 2 期。

周文泓、夏俊英:《我国政府开放数据资源建设进展、问题与对策研究》,《情报理论与实践》2019 年第 3 期。

周志峰、黄如花:《国外政府开放数据门户服务功能探析》,《情报杂志》2013 年第 3 期。

国外文献

Australian Government Information Management office, Australian Public Service Information and Communications Technology Strategy (2017 – 01 – 25), http://www. finance. gov. au / files/2013 /01/APS_ICT_Strategy.

Australian Government Information Management Office, The Australian Public Service Big Data Strategy: Improved Understanding Through Enhanced Data –

analytics Capability Strategy Report（2016 – 04 – 20）．

A. Zuiderwijk，M. Janssen，S. Choenni，Open Data Policies：Impediments and Challenges，Procedings of the European Conference on E – government，Barcelona，Spain，2012．

C. J. Friedrich，*Man and His Government*，New York：Mcgraw Hill，1963：79．

D. Easton，*The Political System*，New York：Kroof，1953，129．

Department of Aboriginal and Torres Strait Islander Partnerships Open Data Strategy（2017 – 04 – 07），https：//publications. qld. gov. au/dataset/9eb3de60 – f13d – 4b95 – bc9d – fd1e12fe47fd/resource/a50be65c – 1442 – 4049 – ad9b – 35d0d479fe93/download/datsipopendatastrategy. pdf．

Department of State Development，Infrastructure and Planning Open Data Strategy 2013 – 2016（2017 – 04 – 06），https：//publications. qld. gov. au/storage/f/2015 – 01 – 20T04：32：59. 506Z/dsdip – open – data – strategy. pdf．

E. Styrin，L. F. Luna – Reyes，T. M. Harrison，*Open Data and Open Government*：From Abstract Principles to Institutionalized Practices，Proceedings of the 17th International Digital Government Research Conference on Digital Government Research，New York：ACM，2016：76 – 85．

Federal Agency Participation（2016 – 10 – 06），https：// www. data. gov / metrics．

Government and Open Data Movement as a Multidimensional Collaborative Phenomenon in Sweden，*Journal of Global Information Technology Management*，2017：236 – 275．

G. Z. Felipe，H. Richard，The Multiple Meanings of Open Government Data：Understanding Different Stakeholders and Their Perspectives，*Government Information Quarterly*，2015，32（4）．

H. D. Lasswell，*Kplan A. Power and Society*，New Haven：Yale University Press，1970：71. http：//www. finance. gov. au/sites/default/files/Big – Data – Strategy. pdf. http：//www. kas. de/wf/doc/kas_36853 – 544 – 2 –

30. pdf？140820093605.

J. Brobst，Reverse Sunshine in the Digital Wild Frontier：Protecting Individual Privacy Against Public Records Requests for Government Databases，*Northern Kentucky Law Review*，2015（42）：191 – 549.

J. E. Anderson，*Public Policymaking（Fifth Edition）*，Boston：Houghton Mifflin Company，2003：2.

M. Kassen，Open Data in Kazakhstan：Incentives，Implementation and Challenges，*Information Technology & People*，2017，30（2）：301 – 323.

Nationale E – government Strategie（NEGS）（2017 – 07 – 18），http：// www. it – planungsrat. de/De/Negs/Negs. html.

Open Data Barometer，Odb Global Report Fourth Edition（2017 – 06 – 10），http：//open data barometer. org/doc/4th Edition/ODB – 4th Edition – GlobalReport.

Open Data Portal Open Data（2014 – 11 – 08），http：//open canada ca/data/ en/.

P. Jay，Kesan，M. Carol，Hayes，Mitigative Counter Striking：Self – defense and Deterrence In Cyberspace，*Harvard Journal of Law & Technology*，2012，（25）.

R. E. Sieber，P. A. Johnson，Civic Open Data at a Crossroads：Dominant Models and Current Challenges，*Government Information Quarterly*，2015，32 （3）：308 – 315.

R. Rose，*Policy – making in Britain：A Reader in Government*，London：Macmillan，New York：Free Press，1969.

Shaping Germany's Future（2017 – 08 – 16），S. S. Dawes，L. Vidiasova，O. Parkhimovich，Planning and Designing Open Government Data Programs：An Ecosystem Approach，*Government Information Quarterly*，2016，33 （1）：15 – 27.

T. Davies，Open Data Policies and Practice：An International Comparision （2018 – 10 – 10），http：//ecpr. eu/Filestore/PaperProposal/d591e267 – cbee – 4d5d – b699 – 7d0bda633e2e. pdf.

The Federal Government, Government Programme: Network Based and Transparent Administration (2017 – 07 – 10), http://www. verwaltung – innovativ. de/Shared Docs/Publikation en/ Pressemitte ilungen/government_programme_ network _ based _ and _ transparent _ administration. pdf? _ blob = publicationFile&v = 1.

The Government of Canada G8 Open Data Charter – Canada's Action Plan, http://open canada ca/en/g8 – open – data – charter – canadas – action – plan.

Y. Dror, *Public Policymaking Reexamined*, San Francisco, CA: Chandler Publishing Company, 1986.

后　记

　　政府数据开放是我国当前的国家战略，国家大数据战略要求建立我国政府数据开放共享政策体系。本书在对地方政府"数据资源开放共享"这一核心概念的内涵与外延的界定基础上，梳理我国国家层面政府数据开放共享政策的历史进程，实证调查和分析贵阳、遵义、安顺、毕节、铜仁、六盘水、凯里、哈尔滨、青岛、广州、济南11个副省级和地级市在数据资源开放政策实验和政策执行方面的发展情况，研究这些地方政府在构建数据资源开放共享的政策体系内容；运用比较分析方法，梳理这些政府部门政策环境、政策主客体、政策内容、政策工具和政策效果的情况，同时借鉴澳大利亚、加拿大、美国政府在数据资源开发共享上的政策经验，从"纵横互通"角度提出我国应构建"纵向＋横向"的地方政府数据开放共享的政策体系。研究结论主要有以下几个方面。

　　一、政府数据开放政策研究从宏观向微观转变。从借鉴国际经验到研究我国本土政府数据开放政策文本，无论是美国政府率先推出全球首家开放政府数据平台（Data. Gov），还是我国国务院印发《促进大数据发展行动纲要》，或是继上海政府数据开放平台上线后，北京、浙江、贵州、无锡、青岛、武汉等省市政府陆续推出数据开放平台。这些政府行动均表明政府数据开放共享政策研究由宏观向微观发生转变，由顶层设计向政策落地实践。

　　二、我国政府数据开放需要相关政策推动发展。虽然我国政府数据开放共享准备度有一定的提高，但具体表现并不尽如人意。数据开放政策文本数量虽有明显的提升，但仍远远低于澳大利亚、加拿大、美国等发达国家。尤其涉及数据质量、数据权属、数据隐私保护方面的政策文本，地方政府持相对保守的状态。政府数据开放共享算是一种新兴的政府治理方式，虽然在数据权属、数据隐私、数据再利用等诸多方面都在不断探索，相关的政策仍有待深入研究。但笔者相信，随着政府数据开放共享研究的推进，我国数据开放共享的实践将迈入新的发展阶段。

三、制定政策是最终为了实现特定的目标，政策具有明确的方向性。政策目标是对政策分析要达到的最终目的，政府数据开放共享政策体系框架的构建依赖于政策目标，任何事物都不是独立存在于宇宙当中的，政府数据开放也不例外。政府数据开放作为一种新的政府治理方式，不能将其视为独立的政府行为，需要政府、社会、公众互相合作，需要不同的政策工具组合运用，在目前供给面政策工具过溢的情况下，加大对环境面和需求面政策工具的开发，需要相应的政策加以规范。政策是决策者根据实际情况而制定的，这其中必然考虑各个利益相关者（政府各部门、社区、公民和其他组织）的利益，从而制定符合实际的政策，满足各利益相关者的利益。在整个政策生命周期中，所制定政策应尽可能地保持价值中立，对政策涉及的利益相关者不偏不倚，做到实事求是。

四、政策本身属于一个科学系统，政府数据开放共享政策体系是由一系列相关政策组成的。数据开放共享政策框架构建的目的在于不断完善地方政府数据开放共享政策、积极响应及推动国家数据开放战略目标。仅一项孤立的政策对数据开放起的作用相当有限，政府数据开放政策需要一系列政策与之相配套。应充分利用好宏观政策的指导作用、中观政策的转化作用和微观政策的执行作用，从数据创建、数据发布、数据共享、数据监管、数据质量、数据隐私等问题共同形成一个整体系统，进行综合考量，将各方面问题联系到一起，使政策研究效果最优化。